使える日本語文法ガイドブック

やさしい日本語で教室と文法をつなぐ

The Perfect Guidebook on Japanese Grammar in Easy Japanese: Connecting the Classroom and Grammar

中西久実子
坂 口 昌 子
大谷つかさ
寺 田 友 子

ひつじ書房

まえがき

この本の特徴

本書は,「使える日本語」を教えるために必要な情報を書いたものです。CEFR(「ヨーロッパ言語共通参照枠」)のA1からB1レベル(初級から中級レベル)の学習者を教える日本語教員が,日本語母語話者(以下,ネイティブ)であっても非日本語母語話者(以下,ノンネイティブ)であっても,授業の前に読んですぐに使えるよう配慮されています。

日本語文法書はいろいろありますが,難しすぎてよくわからないと感じたことはありませんか。反対に,日本語教科書の文法解説書も各国語で翻訳がついていることがありますが,各文法項目が個別的で,関連性がわかりにくいように思う,もっと知りたいと思ったことはありませんか。

また,授業で使えるタスク集もたくさんありますが,学習者に質問されたときや,学習者がつまずいたとき,どうしてタスクがうまくいかなかったのか,どう説明すればいいかわからないと悩むことがあります。

この本は,単なるタスク集でもなければ,単なる文法書でもありません。文法というのは,コミュニケーションの素材であり,タスクに埋め込まれています。「文法はいらない」「文法は苦手だ」と思っていらっしゃる方にも,文法の使い方がわかればもっとコミュニケーションが楽しくなると思っていただけるよう,本書では,学習者に必要な場面で必要なことができるようになるためのタスクにおいて,文法がどう埋め込まれているかをやさしく解き明かしていきます。そして,学習者が使える日本語を身につけて教室から出ていけるようにする日本語教員を応援します。

この本が対象にしている読者は以下のような方です。

- 日本語教員になったばかりのネイティブ・ノンネイティブ
- 日本語教員を目指すネイティブ・ノンネイティブ

- 日本語教育関連の大学院進学を目指すネイティブ・ノンネイティブ
- 大学や専門学校で日本語教育学を勉強中のネイティブ・ノンネイティブ
- ボランティアで日本語を教えるネイティブ・ノンネイティブ
- 日本語学を勉強しているネイティブ・ノンネイティブ

また，この本は，「やさしい日本語」で書かれているのも特徴の1つです。日本語能力試験N4・N5の漢字以外の漢字にはルビをつけることで，ノンネイティブで日本語教員を目指す方にも読みやすくなっています。本書は全部日本語で書かれた文法書は難しいと感じるノンネイティブの読者のみなさんの日本語能力向上と，文法知識を深める助けにもなることをめざしています。

この本の構成

この本は，下記のPart 01～Part 04で構成されています。

「Part 01：コミュニケーションのために「これだけは！」」では，コミュニケーションするために最も基礎となる要素が示されています。

「Part 02：コミュニケーションのために「もう少し！」」「Part 03：正確に伝えてコミュニケーション」「Part 04：スムーズに伝えてコミュニケーション」では，タスクとその場面，より円滑なコミュニケーションができることを目標に，目標達成のための専門的な知識を学びます。各Partにはいくつかの Chapter があり，各 Chapter は以下のように構成されています。

1. このことば　知っていますか　説明できますか

内容を読んで理解するために必要となる専門用語のリストです。知っているものにチェックを入れてください。どれも知らなくても大丈夫ですが，ここに出てくる用語は日本語教育に携わるうえで知っておいたほうがいい文法用語となっています。用語の説明は，巻末の「用語集」にありますので，併せて読んでいくといいと思います。

2. 場面から考えましょう

タイトルには，そのChapterのタスクでできるようになる「can do」が書かれています。「can do」とは「言語の熟達の，ある段階でできる言語活動や持っている言語能力の例を「～できる」という形式で示した文」のことです。2. では，学習者が直面する場面を絵で示し，その場面で何ができたらいいかを説明しています。

3. 理解をチェックしましょう

本文の内容の一区切りとなる箇所で，そこまでの内容が理解できているかどうかをチェックする問題です。答えは本文の中にあるので，特に答えは用意されていません。

4. 分析してみましょう

身近にある日本語の教科書を調べて，その課の表現やタスクに関連するどんな例文があるか調べるタスクです。本書の中に出ている文法が実際に教科書ではどのように扱われているかを分析し，結びつけることで，教えるヒントになることを目的としています。

「分析してみましょう」には2種類あります。1つは，活用形などの形から整理できるものです。もう1つは，その場面で使える日本語の用法をよく読んで理解してから，教科書で調べるものです。このような性質から「分析してみましょう」はChapterによって位置が違うことがあります。

答えは巻末にあります。

5. 文法プラスアルファ

もう少し詳しく知りたい人のための発展的な知識が書かれています。なお，本書の「文法プラスアルファ」からさらに発展的なことを知りたい方は『初級を教える人のための日本語文法ハンドブック』(庵功雄・高梨信乃・中西久実子・山田敏弘，スリーエーネットワーク)，『基礎日本語文法』(益岡隆志・田窪行則，くろしお出版)，『A Dictionary of Basic Japanese Grammar（日本語基本文法辞典)』(牧野成一・筒井道雄，ジャパンタイムズ）などを参照されることをお勧めします。

6. 授業で使えるアイデア

◉文法チェッククイズ

授業で学習者に向けて提示できる文法問題の例です。授業でそのまま使えるようになっています。

◉練習のアイデア

実際の場面と結びつけられるようなものにフォーカスして，授業で学習者に向けて提示できる練習のアイデアを示してあります。練習のアイデアは学習者の日本語能力に合わせて使えるよう[A]と[B]の2段階用意しています。

[A]はCEFRのA2～B1にかけての学習者向けの練習で，[B]はCEFRのB1～B2にかけての学習者向けの練習です。本書では，初級文型だけを使って，CEFRのB1～B2にかけてのcan doを満たすタスクが作れることを提案します。

不規則にコラムとして「ちょっと小噺」が挿入されています。日本語教員の豆知識としてお読みください。

この本の使い方

この本は，大学や専門学校などの日本語教員養成の授業で日本語の文法と日本語の教え方を学ぶ方にも独学する方にも使っていただけます。16のChapter構成になっていますので，１回60分〜90分の週1回の講義で1つずつ扱えば，16回（4か月）使っていただけます。

Part 01は基礎的な内容です。Part 01のあとに，Part 02，Part 03，Part 04へと順に進むことをお勧めします。ただし，それぞれのChapterは独立しており，Chapterを超えて続く内容はありませんので，Part 02以降はどのChapterでも順不同で読むことができます。

それぞれのChapterは，基本的には,「1．このことば　知っていますか　説明できますか」「2．場面から考えましょう」「3．理解をチェックしましょう」「4．分析してみましょう」「5．文法プラスアルファ」「6．授業で使えるアイデア」で構成されています。

「1．このことば　知っていますか　説明できますか」で知識を確認してください。答えは巻末の用語集で確認できるようになっています。そして,「2．場面から考えましょう」「4．分析してみましょう」で考えを深めていきます。「2．場面から考えましょう」には,内容の区切りごとに簡単なチェック問題として「3．理解をチェックしましょう」が挿入されています。「3．理解をチェックしましょう」の答えは本文にあります。わからなければ，もう一度よく読んでください。「3．理解をチェックしましょう」を1つの区切りとして「確認→考える→深める」のプロセスをくりかえして進んでください。

この本の使用例としては以下のようなものが考えられます。

使用例1：クラス授業で使用する方へ

「1．このことば　知っていますか　説明できますか」「4．分析してみましょう」は予習として授業前に受講者に宿題として課したり，授業の初めに時間を取っておこなうなどしてください。

授業では,「2．場面から考えましょう」で問題を把握し，それをどう解決するかクラスで意見を出し合うなどするとよいでしょう。「4．分析してみましょう」では，いろいろな教科書の扱い方を比較して整理しましょう。さらに，「6. 授業で使えるアイデア」は他にどんなアイデアがあるか議論したり，実際に教壇で教えるトレーニングに使ってもよいでしょう。

「3. 理解をチェックしましょう」「5. 文法プラスアルファ」は復習として授業後に受講者に宿題として課したり，次の授業のはじめに復習として扱ったりしてください。

使用例2：独学の方へ

まず,「1. このことば　知っていますか　説明できますか」で知識を確認し，わからない用語は，巻末の「用語集」で確認してください。次に,「2. 場面から考えましょう」を読み，どんな場面で何ができるようになるかを理解します。そして，読んだことが理解できたかを「3. 理解をチェックしましょう」で確認してください。答えは本文にあります。わからなければ，もう一度よく読んでください。

また,「4. 分析してみましょう」を使って，自分の知識を整理してください。さらに，教える立場にある方・日本語教員をめざしている方は「5. 文法プラスアルファ」「6. 授業で使えるアイデア」もありますので，現場で役立ててください。

教員用授業サポート資料のご請求方法

本書『使える日本語文法ガイドブック―やさしい日本語で教室と文法をつなぐ―』の教員用授業サポート資料を用意しております（PDFは PDF，動画は▶)。この資料は，本書の「練習のアイデア」をスムーズに使用していただくためのものです。インターネットを通して資料を閲覧し，ダウンロードすればそのまま使えます。

「インターネットはどうも苦手である」という場合は，出版社の担当者宛にご相談下さい。

なお，学生の方へは提供しておりません。期待される授業の成果が上がらなくなってしまうおそれがあるためです。自習用として本書をご利用になる方に対してのご提供もしておりません。授業を受けている学生の方と，自習用に利用される方の判別が難しいからです。採用していただいた方のみのご提供となりますことをご了承ください。

資料の利用を希望される方は，下記アドレスあてにメールでお申し込みください。その際にどこの教育機関で，どの授業で，何人くらいのクラスでの利用になるか，などをお知らせいただけますと幸いです。

［**お申し込み方法**］

以下の情報をお知らせ下さい。

- 採用中or採用決定済み
- お名前
- 教育機関名
- 授業名
- クラスの人数（予想でかまいません）

［**メールの送り先**］

textbook-hint@hituzi.co.jp

※件名を「日本語文法ガイドブック　教員用データの申し込み」としてください。

凡例・記号

○：例文が文法的に正しいことを表します。
×：例文が文法的に正しくないことを表します。
？？：例文が不自然であることを表します。

❖：「もっと知りたい人はこれをキーワードに他の本を調べてください」ということを表します。
PDF：学習者用の活動シートがダウンロードできることを表します。
▶：活動のやり方の動画「見ればわかる！授業で使えるアイデア」が閲覧できることを表します。
☞：「本書の関連事項を参照してください。」ということを表します。

V：動詞
N：名詞
A：イ形容詞
Na：ナ形容詞
Na~~な~~：「ナ形容詞＋な」の「な」を取ったもの

辞：辞書形
否：否定形
普：普通形（plain form）
丁：丁寧形
Vマス：動詞のマス形語幹（「書きます」の「書き」）
テ：動詞，イ形容詞，ナ形容詞のテ形
タ：動詞，イ形容詞，ナ形容詞のタ形
ナイ：動詞，イ形容詞，ナ形容詞のナイ形
テイル：動詞のテイル形

目次

Part 03
正確に伝えてコミュニケーション

Part 04
スムーズに伝えてコミュニケーション

Part 01

コミュニケーションのために「これだけは！」

「マイちゃん　家　行った」は正しくないのですか

格助詞

1 このことば　知っていますか　説明できますか

- □ 格助詞：かくじょし
- □ 格：かく
- □ 動作主：どうさしゅ
- □ 格関係：かくかんけい
- □ 必須成分：ひっすせいぶん

2 場面から考えましょう

女の子は「マイちゃんの家に行った」ことを伝えたかったのですが，どうして伝わらなかったのでしょうか。もう1つ別の例を見て考えてみましょう。下のカードを正しく並べて文を作ってください。

ソンテウ	ニマンヘミン	ソムサク	ジャンタナー	行きます

わかるのは述語である「行きます」が文末にくることくらいではないでしょうか。次の場合ではどうですか。

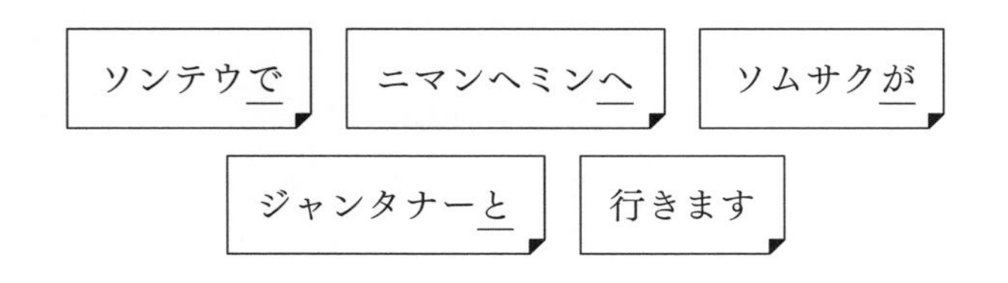

これだと簡単に並べられたのではないでしょうか。

(1)　ソムサク**が**ジャンタナー**と**ソンテウ**で**ニマンヘミン**へ**行きます。

名詞だけでは述語の「行きます」とどのように関係しているかわからず，意味がわからない文になっています。初めの「マイちゃん　家　行った」も同じように名詞が述語とどのように関係しているかわからないため，正しくありません。女の子が言いたいことがうまく伝えられなかったのはこのためです。名詞がどんな役割をしているかを表すのが，ここで扱う**格助詞**です。

Q1. 格助詞とは何ですか。

▶格助詞

格助詞とは，名詞と動詞・形容詞などの述語を結びつけている助詞のことです。格助詞は,「が・を・に・へ・と・から・より・まで・で」の9つです。「が」とよく問題になっている「は」は副助詞またはとりたて助詞と呼ばれており，格助詞ではありません。　(☞「は」と「が」についてはChap.09を見てください)

▶どうして「格助詞」と呼ばれているか

(2)　昨日，母がネックレスをくれました。(動詞文)

(3)　かばんが重いです。(形容詞文)

(4)　あの人が山本さんです。(名詞文)

(2)〜(4) のように，動詞文，形容詞文，名詞文には名詞と格助詞の組みあわせがいくつかあり，その組みあわせのことを**格**と言います。そして，9つの助詞の格のことを「ガ格・ヲ格・ニ格・ヘ格・ト格・カラ格・ヨリ格・マデ格・デ格」と言います。(2) の「くれました」という動詞の**動作主**が「母」であることを「が」が示しており，対象となる「ネックレス」を「を」が表しています。このように，それぞれの名詞と述語の関係を**格関係**と呼び，これらの関係を9つの助詞が表しているので格助詞と呼ばれています。

（☞動詞文についてはChap.02を見てください）

理解をチェックしましょう　1　　理解できたら，□に✔しましょう。

□ 格助詞とは何ですか。いくつありますか。

Q2.「誕生日にジョンさんが弟にケーキをくれた」という文の中で，ないと意味がわからなくなる「名詞＋格助詞」はどれですか。

▶必ず必要となる格

「誕生日に[ジョンさんが][弟に][ケーキを]くれた」という文の中で，「ジョンさんが」「弟に」「ケーキを」という情報は大切です。たとえば，「誕生日にくれた」という文では情報が少なく意味がわかりません。同じように，「ジョンさんがくれた」という文でもやはり意味がわかりません。「ジョンさんが」「弟に」「ケーキを」のように，文を成立させるために必要な成分を**必須成分**と言います。

一方，「誕生日に」という情報は必ず必要とは言えません。上の文では，[　　　　]が必須成分です。

理解をチェックしましょう　2

必須成分はどれですか。線を引いてください。

①　ぼくが　今日から　さとうさんと　料理を　作ります。

②　姉に　この料理を　作ってもらいました。

Q3.「部屋のすみ<u>に</u>本を片づける」と「部屋のすみ<u>で</u>本を片づける」はどんなちがいがありますか。

「に」は本が移動して到着した場所（到着点）を表しています。これに対して，「で」は「片づける」という動きをしている場所を表しています。同じニ格の文でも,「ニ」が表す意味はたくさんあります。ここではまちがいやすい助詞の使いわけについて考えましょう。

▶「に」と「で」

学習者が書いた作文を見ると,(5) のように場所につく格助詞「に」と「で」の誤用がよくあります。

(5)　×部屋の中で本がたくさんあります。

「に」は主に存在する場所を示すので,「ある・いる・住む・泊まる」などの動詞と結びつくのに対し,「で」は動きの場所を示すので,動きのある動詞「食べる・遊ぶ・見る」などと結びつきます。

(6)　東京 にいます。(存在する場所)

(7)　東京 で友達に会います。(動作の場所)

▶「に」と「へ」

(8) のように,ニ格でもヘ格でも言うことができるものがあります。

(8)　明日大阪【へ／に】行きます。

どちらでも言えますが,くわしく言うと「へ」は移動の方向を表し,「に」は到着点を表している点でちがいます。また,同じ「に」と「へ」でも,(9) や (10) のような場合には「へ」に言いかえられません。これは「ぬる,はる,かける,かざる」などのようにモノと場所がくっついている場合に「へ」は使えないからです。

(9)　ポスターを壁【○に／×へ】貼ります。

(10)　足【○に／×へ】薬をぬります。

▶「で」と「を」

「で」と「を」も,(11) のような場合,置きかえができます。

(11)　毎朝,川の近く【を／で】散歩しています。

(11) の文で,「を」は川の近くが通過する場所であることを表し,「で」は散歩するという動作の場所を表しています。このように,通過する場所と動作の場所を表す場合,置きかえられます。

理解をチェックしましょう 3　理解できたら，□に✔しましょう。

□「に」と「で」,「に」と「へ」,「で」と「を」のちがいについて説明してください。

3 分析してみましょう

身近にある教科書で格助詞の意味を調べて，以下の格助詞の意味と合うものを選んで番号を書きましょう。

● **ガ格**

主体（　　），**対象**（　　）　①私が作る。　②車がほしい。

● **ヲ格**

通過する場所（　　），**起点**（　　），**対象**（　　）

①公園を散歩する。　②ビールを飲む。　③バスをおりる。

● **ニ格**

存在する場所（　　），**時**（　　），**到着点**（　　）（　　），**相手**（　　）

①壁にポスターを貼る。　②京都に住んでいる。

③京都につく。　④小学生に教える。　⑤７時に起きる。

● **へ格**

移動の方向（　　），**到着点**（　　）　①家へ帰る。　②東京へ向かう。

● **デ格**

動作の場所（　　），**手段・方法**（　　），**原因・理由**（　　），**範囲**（　　）

①台風で屋根が壊れた。　②教室で勉強している。

③1時間でやってしまう。　④はしで食べる。

● **カラ格**

起点（　　），**原料**（　　）

①ビールは麦から作られている。　②授業は9時からです。

理解をチェックしましょう　4　　理解できたら，□に✔しましょう。

□ 格助詞について説明する時，どんなことに気をつけますか。

4 授業で使えるアイデア

★助詞を選ぼう！ A B ▶

目標

名詞と述語の関係を考えて助詞を選ぶことができる。

やり方

①格助詞のカード（例「に」「で」）を色ちがいのカードで作ります。
②学習者をペアまたはグループにわけ，①の9枚のカードを配ります。
③教員はパワーポイントで名詞だけ見せます。(例「バス」)
④次に格助詞のない文を見せ，学習者は文が成立するためにどの格助詞がいいか考えてカードを出します。
例「バス　乗ります」→学習者は「に」のカードを出す
⑤上の③④を繰りかえし，一番正解の多かったペア（グループ）が勝ちです。

「飲みますです」は正しくないのですか

動詞

1 このことば　知っていますか　説明できますか

□ 述語：じゅつご
□ 品詞：ひんし
□ 活用：かつよう
□ 語幹：ごかん
□ 必須成分：ひっすせいぶん
□ 普通形：ふつうけい
□ 普通体：ふつうたい
□ 階層構造：かいそうこうぞう

2 場面から考えましょう

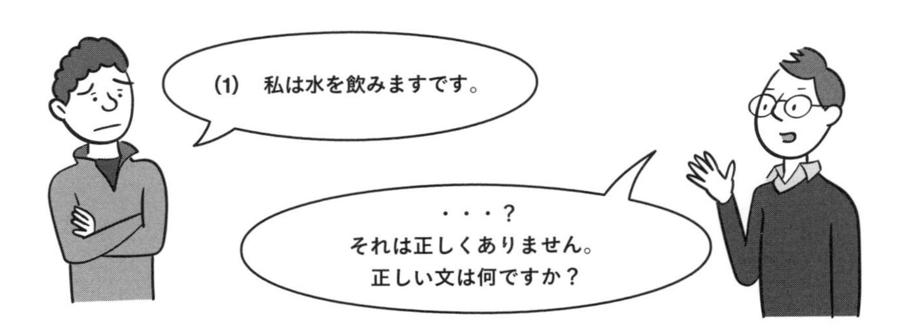

(1) は「私は水を飲みます」が正しい文です。動詞の文の時は「〜ます」，名詞の文の時は「〜です」です。動詞が文の最後になる文を動詞文と言います。「行く」「食べる」という動きを表現するのに，動詞文を使います。ここでは，動詞について考えましょう。

動詞文とは，**述語**に動詞を使う文のことです。「私は水を飲む」という文では，「私は」が主語，「水を」がヲ格目的語，「飲む」が述語です。述語が動詞の文のことを，動詞文（または，動詞述語文）と言います。日本語の文では，普通，述語が文の最後になります。動詞は，**品詞**の1つです。動詞は「歩く」「食べる」など動作を表したり，「わかる」「ある」など状態を表したりします。日本語の文には，動詞文のほかに，形容詞文，名詞文があります。

（☞ヲ格目的語については，Chap.01を見てください）
（☞形容詞文については，Chap.04を見てください）
（☞名詞文については，Chap.05を見てください）

理解をチェックしましょう 1

品詞とその例を線で結びましょう。

①動詞 ・　　・ が　に　を　で　の
②名詞 ・　　・ 水　かばん　もの　わたし　図書館　これ
③形容詞 ・　　・ 食べる　言う　勉強する
④副詞 ・　　・ しかし　だから
⑤助詞 ・　　・ 高い　きれいな　おもしろい　暇な
⑥接続詞 ・　　・ ゆっくり　だんだん

▶動詞の活用

動詞は**活用**によって形が変わり，活用のパターンで3つのグループに分けられます。活用しても音が変わらない部分を**語幹**と言います。

	Ⅰ類動詞	Ⅱ類動詞	Ⅲ類動詞
例	語幹 ik- ＋ -imasu 行きます 語幹 hanash- ＋ -imasu 話します	語幹 mi- ＋ -masu 見ます 語幹 tabe- ＋ -masu 食べます	shimasu します kimasu 来ます
特徴	語幹が子音	語幹が母音「-i／-e」	

Ⅰ類動詞は，語幹が子音で終わります。たとえば，「行きます」「話します」「読みます」などです。マス形の時，「-iます」の形の動詞です。

Ⅱ類動詞は，語幹が「-e」で終わるものが多いですが，語幹が「-i」で終わるものもあります。たとえば，「見ます」「います」「起きます」などです。「見ます」

「寝ます」など「ます」の前が1文字の動詞はII類動詞です。

III類動詞は「します」「来ます」だけで，活用のパターンが特別です。ただし「勉強します」「持ってきます」のような「○○します」「○○きます」もIII類動詞です。

理解をチェックしましょう　2　　理解できたら，□に✓しましょう。

- □ I類・II類・III類動詞は，それぞれどのようなパターンがありますか。どの動詞がどのグループか例をあげて説明してください。
- □ II類動詞の特徴は何ですか。

Q1. 動詞に必ず必要なものは何でしょうか。

▶動詞の必須成分

動詞は，動詞そのものだけで使うことはほとんどありません。たとえば，「走る」という動詞は「犬が走る」というように，「だれ（何）が」の部分が必要です。「食べる」という動詞はどうでしょうか。「私は食べる」という文は不完全です。「何を」食べるのかがわかりません。「私はケーキを食べる」というように，「だれが」「何を」ということばが必要です。このように，動詞に必ず必要なことばを**必須成分**と言います。

この必須成分は，動詞によって必要な数がちがいます。「犬が　走る」のようにガ格だけが必須成分の動詞，「私は　ケーキを　食べる」のように必須成分が2つの動詞，「父が　母に　花を　あげた」のように必須成分が3つの動詞があります。このように，動詞によって必須成分の数は決まっています。

（☞ 必須成分については，Chap.01を見てください）

 Q2.「～と思います」と一緒に使う活用は何ですか。

▶普通形と普通体

(2)　Aさんは，お酒を【×飲みません／○飲まない】と思います。

どうして「飲みませんと思います」は正しくないのでしょうか。(2) のように，文のなかで動詞が使われる時は**普通形**と一緒に使います。

普通形は，活用の1つの形です。肯定か否定か，現在か過去かのちがいで形が変わります。

	普通形	
飲みます	飲む	肯定・現在
飲みません	飲まない	否定・現在
飲みました	飲んだ	肯定・過去
飲みませんでした	飲まなかった	否定・過去

普通形は，「飲ま→なかっ→た」のように，「動詞の語幹→肯否→テンス」の順番で作られています。普通形と一緒に使う表現はいろいろありますが，ここでは初級でよく使われる表現を確認しましょう。

よく似たことばに，**普通体**があります。丁寧にするか，丁寧にする必要がないかでちがいます。これを文体と言います。日本語には丁寧体（です・ます）

と普通体（だ・である）の2つの文体があります。文体は，ことばを使う場面によって変える文の最後の形です。「私は水を飲みます」は丁寧体で，「私は水を飲む」は普通体です。

（☞丁寧体については，Chap.16を見てください）

(3)　お酒を【○飲む／×飲みます】と思います。

(4)　お酒を【○飲まない／×飲みません】と思います。

(5)　お酒を【○飲んだ／×飲みました】と思います。

(6)　お酒を【○飲まなかった／×飲みませんでした】と思います。

(3) の例では，「お酒を飲む」が普通形です。文の最後は「思います」ですから，文体は丁寧体です。(4)～(6) の例も文体は丁寧体ですが，「と思います」と一緒に使う活用は普通形です。

普通形を使う表現は他にもあります。たとえば「～ことです」「～ことができます」「～ことがあります」など「こと」と一緒に使う時，「～と言いました」「～と思います」など「と」と一緒に使う時，名詞を説明する名詞修飾節の時などに，普通形を使います。

（☞名詞修飾については，Chap.05を見てください）

「～こと」	・～ことです (7)　私の趣味は本を読むことです。 ・～ことができます (8)　私はピアノを弾くことができます。 ・～ことがあります (9)　私は飛行機に乗ったことがあります。
「～と」	・～と言います／～と言いました (10)　母は今晩出かけると言いました。 ・～と思います／～と思いました (11)　彼はもう帰ったと思います。
名詞修飾節 「～N／～の」	・～N (12)　私が昨日見た映画はアメリカの映画です。 ・～の (13)　スーパーでパンを買うのを忘れました。

理解をチェックしましょう 3　　理解できたら，□に✓しましょう。

- □「〜と思います」を教える時，注意することは何ですか。
- □ 普通形と普通体のちがいは何ですか。
- □ 普通形と一緒に使う表現は何がありますか。

注意

普通形があるのは動詞だけではありません。形容詞と名詞にも普通形があります。例として，形容詞「やさしい」の普通形を見てみましょう。

(14)　彼はやさしいと思います。　　肯定・現在
(15)　彼はやさしくないと思います。　　否定・現在
(16)　彼はやさしかったと思います。　　肯定・過去
(17)　彼はやさしくなかったと思います。　　否定・過去

3 文法プラスアルファ

Q3. 動詞文では，複数の文法を一緒に使うことができます。その順番にルールがありますか。

▶動詞文の階層構造

文には，**階層構造**があります。たとえば，動詞「食べる」を使って次のような文ができます。「あの時いやだと言えば，食べさせられていなかったかもしれない。」この文の階層構造を見てみましょう。

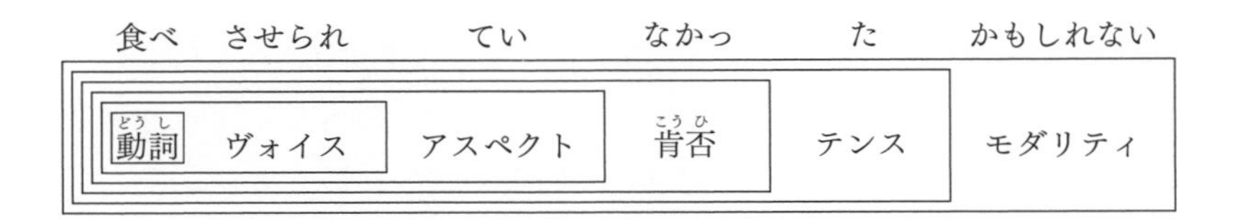

このように，日本語では，動詞の後ろにいろいろな表現（ヴォイスやアスペクトなどの文法カテゴリー[1]）がつくことがあります。その順番は前の図のとおりです。たとえば，ヴォイスとテンスを使う場合は，「食べ→させられ→た」という文になります。

（☞ヴォイスについては，Chap.13を見てください）
（☞アスペクトについては，Chap.11を見てください）
（☞肯否とテンスについては，Chap.03を見てください）
（☞モダリティについては，Chap.08を見てください）

4 授業で使えるアイデア

◉文法チェッククイズ

次の動詞はどのグループ（Ⅰ類・Ⅱ類・Ⅲ類）ですか。

例 行きます （ Ⅰ ）

①帰ります	（ ）	⑤そうじします	（ ）
②飲みます	（ ）	⑥書きます	（ ）
③働きます	（ ）	⑦来ます	（ ）
④寝ます	（ ）	⑧着ます	（ ）

◉練習のアイデア

★どうしましたか？ A PDF

目標

病院で医者からの質問に答えられる。

やり方

①ペアを作ります。1人は医者，もう1人は患者です。
②患者は，ロールカードに書いてある自分の状態を医者に相談します。
③医者は，患者に質問します。患者は，医者の質問に答えます。
④医者は，患者の話を聞いてアドバイスします。

❖1 ヴォイス，アスペクトなど，文法的意味のことを文法カテゴリーと言います。

例

医者「どうしましたか。」
患者「朝からお腹が痛いんです。」
医者「そうですか。朝ごはんを食べましたか。」
患者「いいえ。」
医者「何か薬を飲みましたか。」
患者「いいえ。」
医者「では，少し何か食べて，この薬を飲んでください。」

★クラブを作ろう！ B PDF ▶

目標

学校で新しいクラブを作る話し合いができる。

やり方

①まず，何か新しいクラブを作る場面をイメージします。学校にある他のクラブを例に，新しく作るクラブを考えます。

②1人ずつ自分の趣味について「私の趣味は＿＿＿＿＿＿＿ことです。」の文を作り，その趣味について，アピールできること，何ができるか，いつから始めたか等をくわしく考えて，メモしておきます。

③3～4人のグループになって，②で考えたことを話します。グループから1人選んで，それから，クラブの活動予定や目的を話し合って決めます。クラブを紹介するポスターを作ってみるのもいいです。

④クラスみんなの前で，グループで決めた新しいクラブを発表します。

⑤ほかのグループのクラブ紹介を聞いて，どのクラブに入りたいか1つ選びます。たくさんの人が入りたいクラブを作ったグループが勝ちです。

p.14　文法チェッククイズの答え
①：Ⅰ　②：Ⅰ　③：Ⅰ　④：Ⅱ　⑤：Ⅲ　⑥：Ⅰ　⑦：Ⅲ　⑧：Ⅱ

「難しくないでした」は正しくないのですか

テンス・肯否

1 このことば　知っていますか　説明できますか

［ □ テンス：てんす　　□ 肯否：こうひ ］

2 場面から考えましょう

難しくないでした。
町はにぎやかではないでした。
いいでした。

北海道の大学の
入学試験は
どうでしたか。

北海道

述語で，時を表す部分を**テンス**，肯定か否定かを表す部分を**肯否**と言います。テンス・肯否・「です」の順番は何に接続するかによってちがいます。動詞に接続する場合は「否定（ません）→です（丁寧）→テンス（た）」の順番で「食べませんでした」などとなります。

しかし，上の場面のようにイ形容詞・ナ形容詞に接続する場合は，「難しくないでした」「にぎやかではないでした」とは言えません。イ形容詞とナ形容詞では，「否定（ない）→テンス（た）→です（丁寧）」の順番で「難しくなかったです」「にぎやかではなかったです」となります。このChapterでは，テンス・肯否について考えましょう。

Q1. ル形とタ形，肯否は，どう表しますか。

下の表のように，タ形とは「た」で表される述語のことで，ル形とはタ形以外の述語のことです。「いい」の否定と過去は例外で，「よくない」「よかった」です。

	ル形（肯定）	ル形（否定）	タ形（肯定）	タ形（否定）
動詞	食べます 食べる	食べません 食べない	食べました 食べた	食べませんでした 食べなかった
イ形容詞	難しいです 難しい	難しくありません 難しくないです 難しくない	難しかったです 難しかった	難しくありませんでした 難しくなかったです 難しくなかった
ナ形容詞 （例：にぎやか） 名詞（例：雨）	～です ～だ	～ではありません ～ではない	～でした ～だった	～ではありませんでした ～ではなかった

Q2. ル形はいつも現在を表しますか。

いいえ。動詞のル形はちがいます。(1) の「食べます」など動きを表す動詞のル形は，未来を表します。

(1)　私はあした食堂で昼ごはんを食べます。

ただし，(2) の「います」や「あります」など状態を表す場合は，動詞のル形は現在を表します。

(2)　山田さんはいま食堂にいます。

下の (3) のような動詞のテイル形（食べています）も現在を表します。

(3)　私はいま食堂で昼ごはんを食べています。

「名詞＋だ」や形容詞も状態を表すので，ル形は (4) (5) のように現在を表します。

(4)　私は学生です。

(5)　この部屋は静かです。

Q3. タ形はいつも過去を表しますか。

タ形は，(6) の「食べました」のような動きを表す動詞も，(7) の「いました」のような状態を表す動詞も，過去を表します。

(6) 私はきのう食堂で昼ごはんを食べました。

(7) 山田さんは食堂にいました。

タ形は，ある基準となる時までに動きや出来事が完了したことを表すこともあります。

①「もう」「まだ」「やっと」がつけられる場合は，完了を表します。

(8) A「おみやげは買いましたか。」
B「はい，もう買いました。」

②「きのう」「一年前に」などがつく場合は，過去を表します。

(9) きのう家族におみやげを買いました。

過去と完了では，否定の形がちがうので，注意が必要です。(10) のように，完了の否定は「買っていません」です。

(10) A「おみやげは買いましたか。」
B「いいえ，まだ買っていません。」(完了の否定)

これに対して，(11) のように，過去の否定は「買いませんでした」です。

(11) きのう，家族におみやげを買いませんでした。(過去の否定)

(☞「ています」の否定についてはChap.11を見てください)

理解をチェックしましょう 1 理解できたら，□に✔しましょう。

- □ 動詞のル形は基本的には何を表しますか。
  状態を表す動詞（「あります」「います」など）以外の動詞のル形，そして，「名詞＋だ」や形容詞のル形は何を表しますか。
- □ タ形は何を表しますか。
- □ 動詞，「名詞＋だ」，形容詞のタ形が完了を表すのは，何といっしょに使う時ですか。

Q4. 否定にしか使えない表現にはどんなものがありますか。

否定にしか使えない表現には「〜しか〜ない」「あまり〜ない」などがあります。

▶〜しか〜ない

「だけ」は「唯一」ということを表す表現でどの言語にも同じような表現があります。たとえば，(12) では，「唯一子どもに」という意味です。「だけ」は (12) のような肯定の述語にも，(13) のような否定の述語にも使えます。

(12) この飛行機会社は，子どもにだけおみやげをあげています。

(13) 山本さんだけが来ませんでした。

これに対して，「〜しか」はいつも否定と一緒に使わなければなりません。「〜しか〜ない」は「〜以外はない」ということを表しますが，このような表現は他の言語にはあまりないので，注意が必要です。たとえば，(14) は「お母さんが英語以外（日本語）が話せない」ということを表すコンテクストなので，「だけ」は使えません。「しか〜ない」で表します。

(14) 先生「お母さんは日本語が話せますか。」
学生「英語【×だけ話せます／○しか話せません】。
だから，通訳が必要です。」

▶あまり〜ない

「あまり〜ない」は (15) (16) のようにいつも否定と一緒に使わなければなりません。

(15) この料理はあまりおいしくないです。

(16) 私は字があまり上手じゃありません。

「〜しか〜ない」「あまり〜ない」の他にも，「そんなに〜ない」「なかなか〜ない」「一度も〜ない」などもいつも否定と一緒に使う表現です。

（☞「だけ」「〜しか〜ない」についてはChap.08を見てください）

理解をチェックしましょう　2　　理解できたら，□に✔しましょう。

□ 否定の時にしか使えない表現にはどんなものがありますか。

3 分析してみましょう

身近にある教科書ではどんな例文が出てきていますか。

名詞文の肯定・否定

動詞文の肯定・否定

形容詞文の肯定・否定

〈あまり〜〉 例 「この魚はあまりおいしくないです。」

〈しか〜〉 例 「アンさんしか来ませんでした。」

4 授業で使えるアイデア

◉文法チェッククイズ

正しいほうに○をしてください。

①私はバスケットボールをしています。スポーツのルールはバスケットボール【 a. しか／b. だけ 】わかりません。

②タイには【 a. 一度／b. 一度も 】行ったことがあります。

③この店は高いから,【 a. よく／b. そんなに 】来ません。

④妹は【 a. とても／b. あまり 】背が高くない。

◉練習のアイデア

★私を助けてください！ A PDF ▶

目標

理由を言って他の人に手伝ってもらえるようにお願いできます。

やり方

①下の表の「わたし」のところに「◎よくできる，○できる，△あまりできない，×ぜんぜんできない」を書きます。

②他の人に何ができるか聞きます。

③わたしができないことができる人に，助けてくださいとお願いします。

例 今度の日曜日，日本パーティーをするんですが，わたしはあまり料理が上手じゃありません。○○さん，料理がとても上手ですね。手伝ってくれませんか。

◎よくできる，○できる，△あまりできない，×ぜんぜんできない

	わたし	さん	さん	さん
寿司を作る				
浴衣を着る				
折り紙を折る				
書道をする				

p.20 文法チェッククイズの答え
①：a　②：a　③：b　④：b

Part 02

コミュニケーションのために「もう少し!」

人やものの説明がくわしくできます

形容詞

1 このことば　知っていますか　説明できますか

- □ イ形容詞：いけいようし
- □ ナ形容詞：なけいようし
- □ 一人称：いちにんしょう
- □ 二人称：ににんしょう
- □ 三人称：さんにんしょう
- □ 感情形容詞：かんじょうけいようし
- □ 連体詞：れんたいし
- □ 属性形容詞：ぞくせいけいようし

2 場面から考えましょう

何かを伝える時，動詞や名詞だけでは伝えられないことがあります。しかし，形容詞を使うとくわしく伝えることができます。ここでは，人やものの説明をくわしくするための形容詞の使い方を勉強しましょう。

Q1. 日本語の形容詞には，イ形容詞とナ形容詞がありますが，ちがいを説明できますか。

日本の学校文法では，形容詞は「形容詞」と「形容動詞」に分けられますが，日本語教育文法では，形容詞は「**イ形容詞**」，形容動詞は「**ナ形容詞**」と

呼ばれています。　（☞学校文法については「解説・概説」を見てください）

▶イ形容詞とナ形容詞

イ形容詞は「暑い・おもしろい・広い」のように，名詞の前につく時「い」で終わる形容詞です。一方，ナ形容詞は名詞の前につく時「な」で終わる形容詞です。どちらも名詞の前に置く時，そのものの性質などを修飾して表します。この2つは，活用形もちがいます。

ナ形容詞の中には，「きれい」など述語で終わる時，イ形容詞と区別がつかないものがあります。「きれい」をイ形容詞だと思って「きれくない」としてしまう学習者もたくさんいるので，教える時には気をつけましょう。また，「有名」も述語で終わる時，名詞と区別がつきにくいので注意が必要です。

▶形容詞の修飾

（1）　これは【○おもしろい／×おもしろかった】本です。

（1）のように，形容詞は名詞の前について性質を表します。しかし，過去形にすると一時的な意味になってしまいます。そのため（2）のように過去形の時は名詞の前には置かず，述語で使います。ただし，(3）のように短時間で一時的である場合には使えます。

（2）　この本はおもしろかったです。

（3）　さっきまで強かった風が止みました。

(4)　弟は合格して【×うれしい／○うれしそうだ／○うれしがっている】。

感情や感覚は心の中のことなので，他の人のものは見えません。そのため，**一人称**ではなく，「あなた」や「君」などの**二人称**，「彼」や「彼女」などの**三人称**で使う場合は（4）のように，「～がる」や「～そう」を使って，外から見て判断したとわかる表現を使わなければなりません。このように，感情を表す形容詞を**感情形容詞**と言います。

Q2．感情形容詞でどのように文を作ればいいですか。

▶感情形容詞を使った文

感情形容詞は，（5）のようにただ感情を示すこともできますが，（6）のように「何にそう思ったか」という対象がある場合にはガ格で表します。

(5)　今，とてもねむいです。

(6)　あなたの言葉がうれしいです。

Q3．形容詞の文を作る時，「このケーキはおいしそうだ」と「そう」を使って言うのはどうしてですか。

日本語では，本当かどうかわからないけれど，見てそう思う時に「このケーキはおいしい」と言うことができません。まだわからない時，経験していない時は「～そう」を使いましょう。

(7)　（雑誌を見て）このケーキ，おいしそうですね。

（☞「そう」についてはChap.08を見てください。）

理解をチェックしましょう　1　　理解できたら，□に✓しましょう。

□ 形容詞の過去形を使う時，どんな注意が必要ですか。
□ 感情形容詞を使う時，どんな注意が必要ですか。

理解をチェックしましょう　2

形容詞の使い方で正しいものはどれですか。○か×を書いてください。

①（　　）マリアさんは頭が痛そうです。

②（　　）マイケルさんは昨日からずっと楽しいです。

③（　　）明日発売される新しい小説はとてもおもしろそうです。

④（　　）私は他の人の前で話すのが苦手なので，恥ずかしがっています。

Q4.「大きい家」と「大きな家」は何がちがいますか。

▶連体詞

イ形容詞の中に，名詞の前につく場合だけ，ナ形容詞のように「な」が使われるものがあります。たとえば,「大きな，小さな，おかしな」などです。

(8)　将来【○大きい／○大きな】家に住みたい。

(9)　田中先生の家は【○大きい／×大きな】。

(8) のように，名詞の前ではどちらも使えますが，述語になる場合は (9) のように，イ形容詞で終わる形でしか使えません。

このように名詞の前について，名詞を修飾するものを**連体詞**と言います。

理解をチェックしましょう　3　　理解できたら，□に✓しましょう。

□ 連体詞とは何ですか。

3 文法プラスアルファ

▶属性形容詞と感情形容詞

(10)　漢字のテストは難しいです。

(11)　明日のテストが心配で，寝られません。

イ形容詞とナ形容詞は大きく分けると，**属性形容詞**と感情形容詞に分けられます。(10) の「難しい」はテストの性質を表しています。このように，属性形容詞は主語の性質を表します。一方の感情形容詞は，(11) の「心配」のように，主語の感情や感覚を表します。

理解をチェックしましょう 4

次の形容詞はA「属性形容詞」とB「感情形容詞」のどちらですか。

①（　　）母は髪が長いです。

②（　　）友達に会えなくて寂しいです。

③（　　）子どもの頃，牛乳が苦手でした。

④（　　）このスーパーは安い商品がたくさんあります。

4 分析してみましょう

身近にある教科書ではどんな例文が出てきていますか。それぞれ整理してみましょう。

〈自分の感情を表す形容詞〉 例　私はケーキが好きです。

〈ほかの人の感情を表す形容詞〉 例　ゲームに負けて，ケンはくやしがっています。

〈連体詞〉 例　将来，大きな家に住みたいです。

5 授業で使えるアイデア

★忘れ物をしました！ A PDF ▶

目標

自分のものをくわしく説明して伝えることができる。

やり方

①「デパート」「駅」「喫茶店」など学習者が身近な場面の絵や写真を用意しておきます。

②ペアにして，一人は「忘れ物をした人」一人は「受付の人」になります。

③忘れ物をした役の学習者に傘などの絵を渡し，それを見せないで受付の人に説明させます。

例　A「すみません，ここに傘を忘れたんですが…。」

B「どんな傘ですか。」

A「みどり色で，大きい傘です。…」

～～

B「あ，これですね。どうぞ。」

④受付の人は説明を聞いて，一番いい絵を選んで渡します。

※本当の場面のように，同じような絵を受付役に何枚か渡しておくといいです。

★場面に合わせてセリフを作ってみよう　B

目標

短い動画を見て，場面にあった自然な日本語が考えられる。

やり方

①『エリンが挑戦日本語できます（国際交流基金）』の第22課応用スキットを音声なしで見せます。

②学習者はそのスキットを音声がない状態で見て，ペアまたはグループでセリフを考え，作ります。

③動画に合わせてセリフの練習をします。

④動画を見ながらそれぞれのペアまたはグループが発表します。

※各ペア，グループのペースで練習できるよう，それぞれにパソコンがあったほうがいいです。

ほかのものと区別してくわしく説明できます

名詞修飾

1 このことば　知っていますか　説明できますか

- □ 形式名詞：けいしきめいし
- □ 修飾：しゅうしょく
- □ 主節：しゅせつ
- □ 従属節：じゅうぞくせつ
- □ 普通名詞：ふつうめいし
- □ 節：せつ

2 場面から考えましょう

（1）は「～は～です」という形の名詞文なので，文の最後の動詞に**形式名詞**「こと」をつけなければなりません。「こと」の前は普通形です。

（1）　私の趣味は【山や花の写真を撮る】ことです。

（1）で「山や花の写真を撮る」は，「山や花の写真を見る」などとちがうことだと区別してくわしく説明しています。あるモノを他のモノと区別してくわしく説明したい時，名詞の前に説明することばをつけます。これを**修飾**と言います。(2) でも「燃える」,「大きい」,「山本さんの」を名詞「ゴミ」の前につけて修飾しています。動詞「燃える」, イ形容詞「大きい」は名詞の前に直接つけることができますが，名詞「山本さん」などは「の」をつけて修飾します。

(2) 燃える[ゴミ]は水曜日に集めます。今日は月曜日ですから，
大きい[ゴミ]を集めます。山本さんの[ゴミ]はどれですか。

このChapterでは，名詞修飾について考えましょう。

Q1. どちらが正しくないですか。なぜですか。

▶「という」＋名詞

(3a) 病気[の]人が寝ています。

(3b) 奨学金を減らす[の]学校は良くない。

(3b) が正しくないです。(3b) の動詞「減らす」の後ろに「の」はつけません[2]。「の」をつけるのは，(3a) の「病気」のような名詞の後ろだけです。しかし，(4) のように修飾するものが「意見」「命令」「考え」などの内容になっている場合は，名詞の前に「という」をつけることがあります[3]。

(4) 奨学金を減らすという[意見]は良くない。

Q2. どちらが正しいですか。

▶名詞を修飾する従属節の中の「は」と「が」

(5) 英語【a. は／b. が】話せる人が必要です。

(5b)「が」が正しいです。名詞を修飾する時は，**主節**「人が必要です」に修飾するための**従属節**「英語が話せる」をつけます。(5b) のように従属節の中で「は」は使えません。

(☞「は」と「が」については，Chap.09を見てください)

❖2 外の関係の名詞修飾
❖3 内の関係の名詞修飾

Q3. どれが正しいですか。

(6)　これは兄【a. は／b. が／c. の】買ってくれた時計です。

(6b)「が」,(6c)「の」が正しいです。名詞を修飾する従属節の中で,「が」と「の」は同じ意味です。「は」は使えません。

(7)　これは兄【○が／○の】買ってくれた時計です。

注意

(8b) のように主語「父」と動詞「買ってくれた」の間に「アメリカで」などが入っている場合は,「の」が使えません。(8a) のように「が」を使います。従属節の述語と主語「父が」が離れているので,「の」が使えなくなります。

(8)　父【a.○が／b.×の】アメリカで買ってくれた時計は古いです。

理解をチェックしましょう 1　　理解できたら,□に✓しましょう。

- □ 名詞を修飾する時,「の」「という」をどんな時に使いますか。
- □ 名詞を修飾する従属節の中で使えないのは「が」ですか。「は」ですか。
- □ 名詞を修飾する従属節の中で,「が」と同じ意味で使えるのは何ですか。

Q4.「もの」「こと」「の」などは,普通の名詞「雨」「先生」などとどうちがいますか。

名詞には,「雨」「先生」など**普通名詞**の他に形式名詞などがあります。形式名詞は具体的な内容がない名詞で,「の」「もの」「こと」などがあります。たとえば,(9) の「の」は「車で行きます」を名詞にしていますが,具体的な内容は表していません。普通形に接続します。

(9)　その会社には,車で行くのがいいです。

Q5. どうして正しくないですか。

(10)　×くつ（というの）は外ではくくつです。

(10) のように「くつ」の一般的な説明をする時，1つの文の中で同じ名詞を2回使うことはできません。(11) のように2回目の時は形式名詞「もの」を使います。しかし，(12) のように「このくつ」について説明する時はどちらも使えます。

(11)　くつ（というの）は外ではくものです。

(12)　このくつは部屋の中ではく【くつ／もの】です。

動きや出来事には形式名詞「こと」を使います。

(13)　留学前にその国を知ることは大切な【×もの／〇こと】です。

Q6.「こと」と「の」はどうちがいますか。

▶「こと」と「の」のちがい (1)

名詞文の主語の位置では，「こと」も「の」もどちらも使えます。

(14)　写真を撮る【こと／の】は，私の趣味です。

述語の位置では「こと」は使えますが，「の」は使えません。

(15)　私の趣味は山や花の写真を撮る【〇こと／×の】です。

▶「こと」と「の」のちがい (2)

述語が感覚を表す動詞（「～を見ます」「～を聞きます」「～を感じます」など）の対象の場合は「の」を使います。「の」は同時に感じていることを表します。たとえば (16) では「ぬすんでいる」と「見た」は同時です。

(16)　どろぼうが財布をぬすんでいるのを見ました。

述語が感覚を表す動詞ではない場合（「を信じます」「を約束します」「を話します」「を伝えます」など）は，その対象には「こと」を使います。

(17)　大学に合格する【×の／〇こと】を約束します。

理解をチェックしましょう 2 理解できたら，□に✔しましょう。

□ 形式名詞は普通名詞とどうちがいますか。
□ 形式名詞「こと」「の」は動詞の何形に接続しますか。
□ 形式名詞「こと」と「の」はどうちがいますか。

Q7.「の」を使う文型にはどんなものがありますか。

▶ 強調文「〜のは…です」

強調文[4]「〜のは…です」があります。「〜のは…です」は文の一部を強調してほかのものと区別します。たとえば，(18) B2は「カレー」を強調しています。「の」の前は普通形です。

(18) A 「お昼ごはんにラーメンを食べましたか。」
B 1「いいえ，私はお昼ごはんに カレーを 食べました。」
→B 2「いいえ，私が食べたのは カレー です。」

「〜のは…です」の「…」には「を」「が」をつけなくてもいいです。

(19) A「山本さんがこのコンピュータを使いましたか。」
B「いいえ，使ったのは田中さんです。」

「を」「が」以外（「から」「だけ」など）はつけなければなりません。

(20) A「ねぼうしたんですか。」
B「いいえ，遅れたのは事故が【○あった から ／×あった】です。」

（☞「〜のは…です」については，Chap.09を見てください）

理解をチェックしましょう 3 理解できたら，□に✔しましょう。

□ 強調文「〜のは…です」で「の」の前は何形ですか。
□ 強調文「〜のは…です」の「…」には「を」「が」「だけ」「に」「から」などをつけなければなりませんか。

---

4 ハ分裂文

3 分析してみましょう

身近にある教科書ではそれぞれどんな例文が出てきていますか。

①名詞修飾の例文

例 白いシャツを着ている人です。

②動詞に「こと」をつけて作る例文

例 大学に合格する【×の／〇こと】を約束します。

③動詞に「の」をつけて作る強調文「～のは…です」の例文

例 先生がこの病院にいらっしゃるのは火曜日だけです。

4 授業で使えるアイデア

◉文法チェッククイズ

どちらが正しいですか。正しいほうに〇をつけてください。

①先生が貸して【a. くださった／b. くださいました】本は難しいです。

②これは父【a. は／b. が】買ってくれた時計です。

③並んでいるのは，まだ予約【a. は／b. が】できていない人です。

◉練習のアイデア

★待ち合わせで会えますか。どんな人ですか。 A PDF

目標

人やものをくわしく説明して区別できる。

やり方

①ペアを作ります。インフォメーションギャップがある内容の異なる 絵1 ・ 絵2 をペアに配ります。

②どんな人かわかるように説明して，ペアの相手が答えます。

例 A「今日私の学校に田中先生という人が来ます。私は駅に迎えに行くんですが，田中先生ってどんな人ですか。」

B「田中先生はメガネをかけていて，黒い服を着た男性です。」

A「そうですか。メガネをかけていて，黒い服を着ているんですね。」

★建てたい家 B PDF

目標

名詞修飾を使って自分の希望が説明できる。

やり方

①2人以上のグループを作ります。

②自分が将来家を建てることになったら，何のためにどんな部屋を作るか相談します。

例 A「将来自分の家を建てたら，どんな部屋を作りたいですか。」

B「私は子どもが泳げるお風呂がほしいです。」

★何のために使うものですか B PDF ▶

目標

名詞修飾を使って物の説明ができる。

やり方

①100円均一ショップの商品など見ただけでは使い方がわからないものの写真や実物（レアリア）を準備します。自分の国にはあるけれど，日本にはないものでもいいです。

②場面は，何に使うかわかりにくいものの説明をしてそれを売るデパートです。ペアで練習したあと，クラスのみんなの前で説明して何の説明か答えてもらいます。一番売れそうな商品をクラスで選びます。

例 A「これは何ですか。」

B「これは肩をマッサージするイスです。」

A「いいですね。ほしいですけど，じゃまになりそうですね。」

p.35 文法チェッククイズの答え

①：a ②：b ③：b

いつするか，いつしたか，くわしく説明できます

時を表す表現

1 このことば　知っていますか　説明できますか

□ 主節：しゅせつ
□ 発話時：はつわじ
□ 絶対テンス：ぜったいてんす
□ 従属節：じゅうぞくせつ
□ 相対テンス：そうたいてんす
□ 前件：ぜんけん
□ 後件：こうけん

2 場面から考えましょう

上の場面では「勉強しました」が過去のことなので，前の文も過去のタ形にしました。しかし，それはまちがいです。「私は日本に来る前，３か月日本語を勉強しました」が正しい文です。いつするか，いつしたかをくわしく説明するために，ここでは，時を表す表現について考えましょう。

3 分析してみましょう

身近にある教科書ではどんな「時を表す表現」が出てきていますか。表現と例文を整理してみましょう。

〈～とき〉 例 子どものとき，日本に住んでいました。

〈～てから〉 例 買物してから，家に帰ります。

〈～たあとで／～まえに〉 例 家に帰るまえに，スーパーに行きます。

例 家に帰ったあとで，母に電話します。

〈～まで／～あいだ〉 例 きのうは夜遅くまでテレビを見ていました。

例 休みのあいだどこへも行きませんでした。

〈～うちに〉 例 雨が降らないうちに，犬の散歩に行ってきます。

Q1.「～とき」はどんな活用形に接続しますか。

▶「～とき」

V普・A普・Naな・Nの ＋**とき**

(1) 10歳のとき，アメリカに引っ越しました。

(2) 暇なとき，ゲームをします。

(3) バスは10時【×のとき／○に】出発します。

「～とき」は，時を表すもっとも基本的な表現です。たとえば，(1) のように「とき」を使うと「アメリカに引っ越した」のはいつだったかという時をはっきり表すことができます。(2) のように，形容詞と一緒に使うこともできます。

しかし，(3) のように「4月，10時，夏」など，ことば自体が時の意味をもつ語は，「とき」ではなく「に」を使います。

Q2. 何がちがいますか。

(4a) 部屋を出るとき，エアコンを消します。

(4b) 部屋を出るとき，エアコンを消しました。

(5a) 部屋を出たとき，かぎをかけます。

(5b) 部屋を出たとき，かぎをかけました。

▶絶対テンスと相対テンス

(4a) と (5a) の文は，**主節**のテンスがル形です。これは「毎日する」ことを表します。(4b) と (5b) の文は，主節がタ形「消しました」「かけました」なので，今より以前にあったことを表しています。主節のテンスは，**発話時**との時間関係で決まります。これを**絶対テンス**と言います。

一方，**従属節**のテンス（ここでは，出る／出た）は，発話時との時間関係ではなく，主節との前後関係で決まります。これを**相対テンス**と言います。ル形と一緒に使うと「～するまえ」の意味になり，タ形と一緒に使うと「～したあと」の意味になります。主節がル形でもタ形でも従属節のテンスは変わりません。

(4a) (私は毎日) 部屋を出るとき (出るまえに)，エアコンを消します。

(4b) (私は今朝) 部屋を出るとき (出るまえに)，エアコンを消しました。

(5a) (私は毎日) 部屋を出たとき (出たあとで)，かぎをかけます。

(5b) (私は今朝) 部屋を出たとき (出たあとで)，かぎをかけました。

注意

(6) 大阪へ行くとき，たこ焼きを食べます。

(6) の文で，「たこ焼きを食べる」のは，いつですか。「大阪へ行くとき」は，「大阪へ行くまえ」か，「大阪へ行っているとき」か，はっきりわかりません。このように「行く」などのプロセスがある動詞は，後件の動作をいつするのかがあいまいになってしまうので，注意が必要です。プロセスのある動詞は，ル形で「まだしていないこと」も「今していること」も表すため，プロセスのある動詞は「〜るとき」が，「〜るまえ」と「〜ているとき」の2つの意味になってしまいます。(6) の文を図で表すと下のようになります。どちらの意味でも「大阪へ行くとき，たこ焼きを食べます。」という文になります。

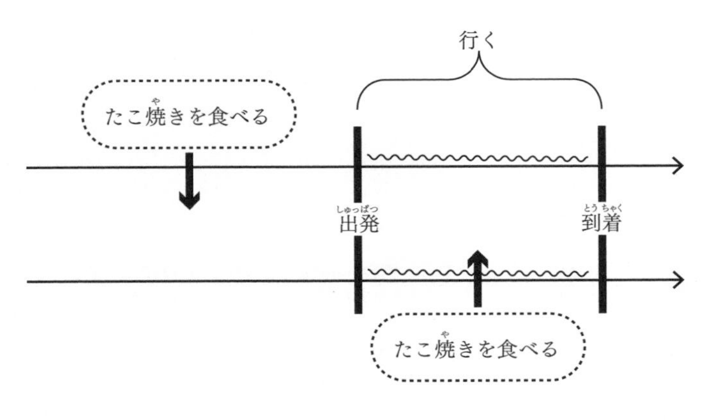

(☞テンスについては，Chap.03を見てください)

理解をチェックしましょう 1 　理解できたら，□に✔しましょう。

□「〜とき」を教える時，どんな例文で教えますか。
□ 絶対テンス，相対テンスとは何ですか。

Q3.「食堂へ行ってから，昼ごはんを食べます」はなぜ不自然なのですか。

▶「〜て」「〜から」

(7a) の「食堂へ行って，昼ごはんを食べます。」が正しい文です。「〜て」を使っても時を表すことができますが，前件と後件の出来事（ここでは「食堂へ行く」と「昼ごはんを食べる」）がほぼ同時に連続して起こる時，「〜てから」を使うと不自然です。また，「〜て」は (8) のようにいくつかの連続する動作をならべて言うことができます。

一方，「〜てから」は動作の順番をはっきりと表したい時に使います。(9) では，「日本に来た」そのあと「日本語の勉強を始めた」という順番をはっきり表すことが大切ですから，「〜てから」を使います。

(7a)　食堂へ行って，昼ごはんを食べます。

(7b)??食堂へ行ってから，昼ごはんを食べます。

(8)　朝起きて，顔を洗って，朝ごはんを食べます。

(9)　日本に来てから，日本語の勉強を始めました。

（☞テ形を使った理由については，Chap.10 を見てください）

Q4.「〜とき」のほかに，時を表す表現がありますか。

▶「〜まえに」「〜あとで」

V辞・Nの　＋**まえに，〜**
Vタ・Nの　＋**あとで，〜**

これらの表現は，**前件**の動作を中心に，**後件**の動作が時間的に前か後かを表します。前件の「ごはんを食べる」という動作を中心に，後件の「薬を飲む」という動作が前か後かを表します。

(10)　ごはんを食べるまえに，薬を飲みます。

(11)　ごはんを食べたあとで，薬を飲みます。

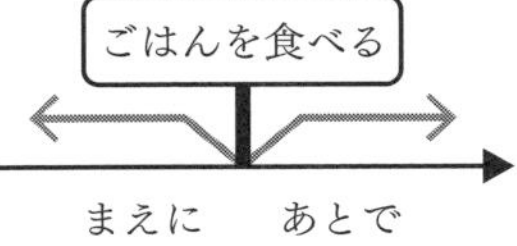

「〜まえに」を動詞と一緒に使う場合，必ずル形と一緒に使います。「〜あとで」を動詞と一緒に使う場合，必ずタ形と一緒に使います。これは後件が現在の出来事であっても過去の出来事でも変わりません。

注意

「〜てから」と「〜たあとで」は，言いかえることができる場合が多いです。しかし，「〜てから」は前にする動作が後ろにする動作のために重要という意味があります。「〜たあとで」はその意味がありません。

(12)　本を読んでから，レポートを書きました。

(13)　食事のあとで本を読みました。本を読んだあとで，レポートを書きました。

(12) は，レポートを書くために「レポートの内容についての本」を読むという意味になりますが，(13) は，レポートを書くためではない「レポートの内容とは無関係の本」を読むという意味でも使えます。

理解をチェックしましょう　2　　理解できたら，□に✔しましょう。

□「〜て」と「〜てから」は何がちがいますか。

□「〜てから」と「〜たあとで」は何がちがいますか。

□「日本に来たまえ，3か月日本語を勉強しました。」はなぜ正しくないですか。説明してください。

▶「～まで」と「～あいだ」

V辞・N　＋**まで**
V辞／テイル・A辞・Naな・Nの　＋**あいだ**

「～まで」と「～あいだ」は動作をしたり，出来事が起こったりする時間を表す表現です。「まで」と「あいだ」のちがいは何でしょうか。(14) の「まで」は，「試験が終わる」という状態が変化する時を表しています。一方，(15) の「あいだ」は，「試験をしている」という時間の範囲を表しています。ですから，「あいだ」は，時間の範囲を表す表現「～ている」や時間の範囲がはっきりとわかることばと一緒に使います。

(14)　試験が終わるまで，話してはいけません。
(15)　試験をしているあいだ，話してはいけません。

▶「～まで」と「～までに」

V辞・N　＋**まで**
V辞・N　＋**までに**

「に」があるかないかで，意味が変わります。(16) のように「～まで」は，続いていた状態が終わる時を前件が表します。後件は「ずっと」や「～しています」など状態を表す文です。一方，(17) のように「～までに」は，動作や出来事が起こる時を前件が表します。後件は「本を返します」のように一回だけ起こる動作や出来事を表す文です。

このような意味のちがいは，「～あいだ／～あいだに」「～とき／～ときに」も同じです。「に」がない文は続いていること，「に」がある文は一度だけ起こることと一緒に使います。

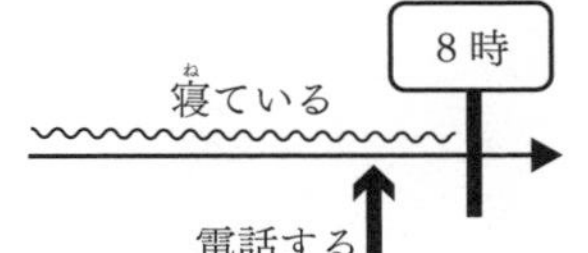

(16)　8時まで，ずっと寝ていました。

(17)　8時までに，一度電話してください。

理解をチェックしましょう　3　　理解できたら，□に✓しましょう。

□「まで」と「あいだ」のちがいは何ですか。
□「まで」と「までに」のちがいは何ですか。

4 文法プラスアルファ

▶「～うちに」

V 辞／ナイ ・A 辞 ・Naな・Nの　＋**うちに**

「うちに」は，「～が終わったら／なかったら…ができないので，そうならないように…する」ことを表します。たとえば，(18) のように「時間がなかったら本が読めない」ので，「時間がある」という時を表します。前件の状態でなければ「困る，都合が悪い，よくない」という意味を表します。

(19) も同じように「日本にいなかったら日本料理が習えない」ので，「日本にいる」という時を表すために「うちに」と一緒に使います。

(18)　時間があるうちに，本を読んでおきます。
　　(時間がないとき，本が読めません)

(19)　日本にいるうちに，日本料理を習いたいです。
　　(日本にいないとき，日本料理を習うことが難しいです)

5 授業で使えるアイデア

◉文法チェッククイズ

どちらが正しいですか。正しいほうに◯をつけてください。

①【寝る／寝た】とき，歯を磨きます。

②お酒を【飲む／飲んだ】とき，車を運転してはいけません。

③スーパーへ【行く／行った】とき，袋を持っていきます。

④あした図書館へ【行く／行った】とき，その本を借りるつもりです。

⑤この本は水曜日【まで／までに】返してください。

⑥私が来る【まで／までに】待っていてください。

⑦できる【まで／までに】何回もチャレンジします。

⑧10時【まで／までに】寮に帰らなければなりません。

◉練習のアイデア

★AIお手伝いロボット A ▶

目標

AIお手伝いロボットに指示を出すことができる。

やり方

①時を表す表現を書いたカード（「〜て」「〜てから」「〜あとで」「〜まえに」「〜まで」「〜までに」「〜あいだ」「〜あいだに」「〜うちに」）を準備します。

②学習者はペアになります。1人の学習者はそのカードから1枚選んで，その表現を使った指示を作ります。もう1人の学習者は言われた通りに動きます。

③たくさん指示を出して，たくさんお手伝いをしたペアが勝ちです。

例「てから」カード

家に帰ってから，洗濯して。洗濯してから，買い物に行ってきて。買い物に行ってから，料理を作って。料理を作ってから，部屋をそうじして。そうじしてから，コーヒーをいれて。

★自分史を作ろう B PDF ▶

目標

自分の過去や未来の出来事について，前後関係をはっきりと話すことができる。

やり方

①下のような年表を準備します。
②いつ，何があったかを書きます。未来のことを書いてもいいです。
③時を表す表現を使って，自分史を発表します。

例

自分史を作ろう

母が25歳のとき，私が生まれました。私が生まれたとき，雪が降っていました。その日父は仕事でしたから，母は1人で病院にいました。父が病院に着いたとき，私が生まれました。

私が3歳のとき，弟が生まれました。弟が生まれたとき，日曜日でしたから，父も私も病院にいました。病院で，弟の泣き声を聞いて，とてもうれしかったです。

今，私は25歳です。先月，子どもが生まれました。私も母と同じように，家族と幸せに過ごしたいです。

p.46 文法チェッククイズの答え
①：寝る ②：飲んだ ③：行く ④：行った ⑤：までに ⑥：まで ⑦：まで ⑧：までに

できることを伝えて，コミュニケーションできます

可能

1 このことば　知っていますか　説明できますか

- □ 意志動詞：いしどうし
- □ 能力可能：のうりょくかのう
- □ 状況可能：じょうきょうかのう
- □ 動作主：どうさしゅ
- □ 自発：じはつ

2 場面から考えましょう

この場面では，相手に「ここでたばこを吸ってはいけない」ということを伝えています。この場面のように可能の表現を使って，できないことを言うことで，間接的にやってはいけないと，相手にやわらかく伝えることができます。ここでは，このようにできることを伝えてコミュニケーションできる「可能」を表す表現について考えましょう。

3 分析してみましょう

可能を表す表現には「〜ことができます」と可能形があります。身近にある教科書ではどんな例文が出てきていますか。それぞれ整理してみましょう。

〈～ことができます〉 例　私はドイツ語を話すことができます。

〈可能形〉 例　この図書館では6冊まで借りられます。

Q1. 可能の意味を表す表現は，「ことができる」と可能形の2種類ありますが，それぞれどんな活用をしますか。

▶「ことができる」と可能形

辞　＋ことができる
可能形

可能形の作り方

Ⅰ類動詞 行きます	Ⅱ類動詞 食べます	Ⅲ類動詞
語幹ik ＋ emasu 行けます	語幹tabe ＋ raremasu 食べられます	する→できます くる→こられます

可能形にできるのは「食べる，走る」などの**意志動詞**だけです。(1) のように，「止まる，落ちる」などの自然現象など意志がない動きを表す動詞は可能形になりません。

(1)　ここに車が【○とめられます／×とまれます】。

「ことができる」を使う場合も，可能形を使う場合も，**能力可能**と**状況可能**どちらも表すことができます。

能力可能とは (2) のように**動作主**が「話せます，泳げます」のようにできることを表します。一方，状況可能とは (3) のように，「そういう場面なら，場所ならできること」を表します。

(2)　山本さんはフランス語が【話せます／話すことができます】。

(3)　留学すれば，たくさんの日本人と【話せます／話すことができます】。

理解をチェックしましょう　1　　　理解できたら，□に✓しましょう。

□ 能力可能と状況可能のちがいは何ですか。

理解をチェックしましょう　2

次の文はA，Bどちらでしょうか。

A　自分がその能力がある「能力可能」

B　その場所や状況で許される「状況可能」

①（　　）明日は用事があるので，会えません。

②（　　）彼女は100字漢字を書くことができます。

③（　　）東京まで新幹線で行くことができます。

④（　　）今日は会議があって，昼ご飯が食べられませんでした。

「ことができる」も可能形も同じ意味なら，
1つを覚えればいいでしょう？

2つの表現は意味も使い方もほとんど同じですが，可能形を使うほうがもっと話しことば的になります。ですから、話す場面では（4）よりも（5）のほうが自然です。

（4）　アンさんは景色の絵を上手に描くことができます。

（5）　この絵は上手に描けていますね。

Q2．可能形を使う時，助詞は何を使いますか。

▶可能文

可能形の文を作る時，教科書では目的語は「が」になっている場合が多いです。基本的には「が」を使いますが，目的語には「が」と「を」のどちらも使える時があります。

（6）　ジョンさんは日本語の新聞【が／を】読めます。

また，文によっては動作主が「に」によって表せることがあります。

(7)　彼にこの手紙【が／を】読めるわけがない。

注意

次のようにヲ格が起点を表す時は「を」のほうが自然な時があります。

(8)　ここで電車【○を／×が】降りられますか。

理解をチェックしましょう　3　　理解できたら，□に✔しましょう。

□ 可能形を作る時に注意するべき点はどんな点ですか。

Q3.「このはさみはよく切れる」と，「ひもが切れる」の「切れる」はどちらも同じ意味ですか。

▶可能の意味も持つ自動詞

(9) と (10) のように，形は同じで可能の意味も表せる自動詞があります。

(9)　可能：このはさみはよく切れます。

(10)　自動詞：古くなって，くつのひもが切れました。

ただし，可能文にする時「を」を使うことができません。

(11)　このはさみは紙【○が／×を】よく切れます。

自動詞の中でも，「解ける・ねじれる・切れる・割れる」など「eru型」の自動詞に多いのが特徴です。(☞自動詞についてはChap.12を見てください)

「見られる」と「見える」は何がちがうんですか。

「見られる」は意志があってそうしているという可能の意味を表しますが，「見える」は自発を意味しています。

▶自発の意味を持つ動詞

「見える・聞こえる」は「意志とは関係なくその状態になった」ことを表す**自発**の動詞です。可能か自発かは，その動詞にコントロールできる意志があるかどうかで変わります。

（12）木の上から，海が見えます。（自発）

（13）最近はケータイで映画も見られます。（可能）

注意

ただし，（14）のような文の場合，「見たいけど見えない」という状況なので意志がありますが，自発の表現を使います。まちがいやすいので気をつけましょう。

（14）（美術館で）前に立っている人がじゃまで絵がよく見えませんでした。

理解をチェックしましょう 4　　理解できたら，□に✓しましょう。

□「聞こえる」と「聞ける」を学習者に説明する時に，どんな例文を示せばいいですか。

4 授業で使えるアイデア

★どこに行こうかな？ A

目標

そこでできることをくわしく話せる。

やり方

①クラスを旅行会社のグループとお客さんのグループにわけます。

②旅行会社のグループの人は，自分の国または町でできることをたくさん言います。

例（神戸で）おいしいケーキが食べられます。海も山も見られます。

③お客さん役の人たちは，いろいろな旅行会社（学習者）のところへ行き，できることを聞いていきます。

例　A「すみません，旅行に行きたいんですが，どこがいいですか。」
B「神戸はどうですか。おいしいケーキが食べられますよ。
それから，海も山も見られますよ。夜はとてもきれいです。」

④お客さん役は話を聞いて，一番行きたいと思った場所を発表します。

★ちょっとすみません　A　B　PDF　▶

目標

できないことをやわらかく伝えることができる。

やり方

①教師は「レストラン」「電車の中」「図書館」など学習者がよく出会う場面での会話を用意します。

②学習者をペアにして，お客さんとお店の人（係の人）にわけます。

③お客さん役の人はカードを見て，その動作をジェスチャーでします。

④お店の人役の人はそれを見て，可能形を使って丁寧にお願いし，やめてもらいます。

例　**場面▸▸図書館▸▸お客さんカード**

- 本屋で買いたいので，本の写真を撮ります。
- 仕事の電話がかかってきたので，電話で話します。
- おなかがすきました。弁当を食べます。　など

お客さん「(電話をするジェスチャーで 表します)」
→係の人　「すみません。ここで電話はできません。外でお願いします。」
お客さん「すみません，わかりました。
(Bレベル) いやー，でも今大事な電話がかかってきたんで1分だけ，いいでしょう？」

※Bレベルの学習者の場合，理由を言って自分ができるようになるまで交渉するなど，長いやり取りにするといいです。

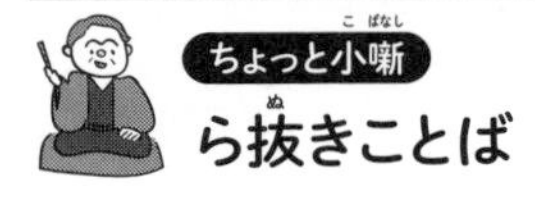

ら抜きことば

「ら抜きことば」ということばを聞いたことがありますか。「見られる」などII類動詞の可能形から「ら」が抜けて「見れる」になったようなものを「ら抜きことば」と言います。「見られる」は可能の意味だけではなく，「先生は毎日ニュースを見られますか」というように尊敬の意味でも，「友だちにラブレターを見られた」のように受身の意味でもこの形が使われるので，どの意味なのかわかりにくいですね。それで，その混乱をなくすために，可能の意味の「られる」は「れる」になったと言われています。実はこの変化は先にI類動詞において起こったと言われています。以前は，可能，尊敬，受身のすべてが「行かれる」のように「-areru」と言っていたのが，可能だけが別の形になって，今の「行ける」の形になりました。

日本語教科書では今もII類動詞の可能形は「られる」の形でしか教えていません。しかし，年齢に関係なく，多くの母語話者が「ら抜きことば」を使うようになったので，教室の外に出れば学習者はこの形をよく聞くと思います。学習者にわざわざ教える必要はないと思いますが，学習者が質問してきた時，1つのことばの変化としてこの現象を説明できるといいですね。

Part 03

正確に伝えて
コミュニケーション

思っていることをはっきり言ってコミュニケーションできます

気持ちを表す表現

1 このことば　知っていますか　説明できますか

- □ とりたて助詞：とりたてじょし
- □ 影の意味：かげのいみ
- □ 終助詞：しゅうじょし
- □ 判断：はんだん
- □ モダリティ表現：もだりてぃひょうげん
- □ 確信：かくしん
- □ 根拠：こんきょ

2 場面から考えましょう

(1)　10分待ちました。

(2)　10分も待ちました。

(3)　10分しか待ちませんでした。

どの文も「10分待った」ことを表しています。(1) は，事実だけを言っています。しかし，(2) では「10分も」と言っていて「10分が長い時間だ」と感じている話し手の気持ちを表しています。(3) では「10分しか」と言っていて「10分以上待つだろうと思っていたけどそうではなかった，10分は短い時間だ」と感じているという話し手の気持ちを表しています。

このように，同じことでも話す人の気持ちがちがうと，表現が変わります。ここでは，思っていることをはっきり言ってコミュニケーションできるように，気持ちを表す表現について考えましょう。

Q1. 助詞は格助詞だけではありません。他に何がありますか。

▶とりたて助詞 「Nだけ」「Nしか〜ない」「Nも」「Nは」

助詞の種類の1つに，**とりたて助詞**があります。このとりたて助詞は，嫌な気持ち，びっくりした気持ちなど，話し手の気持ちを表す時に使います。次の例文はどのような意味を表しているでしょうか。

(4) 牛乳だけ買ってきてください。
(5) 一万円札しかありません。
(6) 頭も痛いです。

(4) は，「牛乳を買ってきてください」という意味ですが，「牛乳だけ」と言うと「牛乳以外は買わなくていい」ということを表しています。このように，ことばでは表されなくても，想像できる意味があることを**影の意味**があると言います。(5) は「一万円札があります」という意味ですが，「一万円札しか」と言うと「一万円札以外のお金がない」という影の意味があります。(6) は「頭が痛い」という意味ですが，「頭も」と言うと「頭以外（お腹，のどなど）も痛い」という影の意味があります。「は」も「だけ」「しか」「も」と同じ，とりたて助詞です。

(☞「だけ」「しか…ない」については，Chap.03を見てください)
(☞「は」については，Chap.09を見てください)

注意

とりたて助詞は，格助詞と一緒に使うことができます。格助詞と一緒に使う場合，「が」と「を」はなくなりますが，他の格助詞の場合はなくなりません。格助詞の後にとりたて助詞をつけます。「だけ」は，後ろでも前でもいいです。

(7)　パーティーに学長【○も／×がも】来ました。

(8)　チョコレートを父【×も／○にも】あげました。

(9)　チョコレートを父【○にだけ／○だけに】あげました。

Q2．文の最後に使う「ね」「よ」は何のために使いますか。

(10)　A「このコーヒー，おいしいですね。」

　　　B「そうですね。」

(11)　映画はおもしろかったですよ。

▶終助詞　「ね」「よ」

文の最後に使う「ね」や「よ」は**終助詞**と言います。主に話しことばで使われ，話し手の気持ちを表します。会話では終助詞がたくさん使われています。うまく使うことができると，もっと自分の気持ちが伝えられます。

基本的には話し手も聞き手も知っている情報の場合「ね」が使われます。話し手が聞き手と同じ気持ち，同じ意見であることを表すために使います。(10)は，話し手と聞き手が同じ場所にいて同じコーヒーを飲んでいる場面です。2人は「コーヒーがおいしい」ということを確認することで，2人の気持ちが同じだとわかり親しさを表しています。

一方，話し手だけが知っている情報の場合，「よ」が使われます。話し手は，聞き手の注意を引くために「よ」を使います。(11) は，話し手だけが知っている「映画がおもしろかった」ということを聞き手に伝えています。もし，2人が同じ映画を見たのであれば，ここでの会話は「おもしろかったね」になります。

注意

よく使われる終助詞には，「ね」，「よ」のほかに，「よね」があります。(10) と同じ場面でも不確かなことを確認する時は「よね」を使います。

(12)　A「このコーヒー，ちょっと薄いですよね。」

　　　B「そうですね。」

また，(13) のように相手が当然知っていることをわざと「よね」を使って確認する場面では，相手を責めるニュアンスになります。ですから，Bの返事は「そうですね」ではなく，「すみません」になります。

(13)　A「もう4時ですよ。3時に来てくださいと言いましたよね。」

　　　B「すみません。」

終助詞は，イントネーションによってやわらかい印象にもきつい印象にもなります。もっとくわしく知りたい人は参考文献を見てください。

理解をチェックしましょう 1　　理解できたら，□に✔しましょう。

□ 助詞には，格助詞のほかに，何がありますか。

□「10分も待ちました」はどんな気持ちを表していますか。

□ 終助詞「ね」と「よ」のちがいは何ですか。

Q3. 次の4つの表現のちがいは何ですか。

▶〜と思います・〜でしょう・〜かもしれません・〜はずです

V[普]・A[普]・Na[普]・N[普]	＋**と思います**
V[普]・A[普]・N~~な~~・N~~だ~~	＋**でしょう**
V[普]・A[普]・N~~な~~・N~~だ~~	＋**かもしれません**
V[普]・A[普]・Naな・Nの	＋**はずです**

(14)　マイさんは今日来ると思います。
(15)　マイさんは今日来るでしょう。
(16)　マイさんは今日来るかもしれません。
(17)　マイさんは今日来るはずです。

これらの表現は，話し手の**判断**を表しています。話し手の気持ちを表す表現を**モダリティ表現**と言います。そのなかでも「〜と思います」は，どのような状況でも使うことができ，もっともよく使う表現です。

(14) のように「〜と思います」を使うと，はっきりわからないということを表すことができます。まずは「〜と思います」が使えるようになりましょう。

もっと詳しく使いわけたい人は，(15)〜(17) の判断を表すモダリティ表現のちがいを考えてみましょう。出来事や状態について，話し手の**確信**（どのくらい信じているか）の強さによって使いわけます。

(15) の「〜でしょう」は，**根拠**がなく，断定をさける表現です。

(16) の「〜かもしれません」は，「マイさんは今日来る」と判断する根拠は何もありませんが，「何となくそう思う，可能性がある」という場合です。

(17) の「〜はずです」は，「マイさんは今日来る」と判断するのに十分な根拠があって，もっとも確信が強い場合に使われます。

注意

根拠があって，強く信じている場合は，(17) のように「〜はずです」を使います。根拠はないけれど，強く信じている場合は，(18) のように「〜にちがいありません」を使います。

(17)　マイさんは今日来る<u>はずです</u>。
（きのう電話でマイさんは来ると言いましたから…。）

(18)　マイさんは今日来る<u>にちがいありません</u>。
（マイさんから何か聞いたわけではないし，何も根拠になる情報はないけれど…。）

理解をチェックしましょう 2　　理解できたら，□に✔しましょう。

□ どちらがいいですか。選んで，理由も説明してください。

(19)　部長は今アメリカ出張中だから，今夜のパーティーには来られない【かもしれません／はずです】。

(20)　今日はとても寒いです。雪が降る【かもしれません／はずです】。

 Q4．2つの文の意味はどうちがいますか。

▶「～そうです」の2つの意味

V[普]・A[普]・Na[普]・N[普]　＋**そうです**
V[マス]・A~~い~~・Na~~な~~　＋**そうです／そうなN／そうにV・A・Na**

(21)　A「この雑誌によると，この店のラーメンは辛いそうです。」
　　　B「へえ，そうですか。」

「～そうです」には2つ意味があります。1つは（21）のように，本で読んだり他の人から聞いたりして知った情報をだれかに伝える時に使います。どこからその情報を知ったかわかる時は「～によると」を使います。「～そうです」は伝聞のモダリティで，普通形と一緒に使います。接続の形にも注意しましょう。

(22)　この店のラーメンは辛そうです。
(23)　これから雨が降りそうです。

もう1つは（22）のように，外から見てどう見えるかを表します。店でラーメンを見た時，食べる前にその味を見た目から判断して「辛そう」と言うことができます。この時一緒に使うのは，形容詞です。(23) のように，動詞のマス形に接続する場合は，少しの時間の後そうなることを表します。「雨が降りそうだ」は，まだ雨が降ってはいませんが，空を見て「しばらくしたら雨が降ると思う」という話し手の判断を表します。

▶「～そうです」と「～ようです」のちがい

V[マス]・A~~い~~・Na~~な~~　+**そうです／そうなN／そうにV・A・Na**
V[普]・A[普]・Naな・Nの　+**ようです／ようなN／ようにV・A・Na**

(24)　部長の奥さん，とてもやさしそうな人ですね。
(25)　あれ，玄関に靴がありません。だれもいないようです。

「～そうです」も「～ようです」も話し手の判断を表すモダリティ表現です。(24) のように，目で見たことから直感的に話し手が判断したことを表す時，「～そうです」を使います。判断するまでにあまり時間がかかりません。それに対して「～ようです」は見たり聞いたりした情報を根拠にして自分の頭の中で考えてから判断します。(25) では，「玄関に靴がない」という情報が，「だれもいない」という判断の根拠です。直感なら「～そうです」，そうではなく根拠があることなら「～ようです」を使います。

注意

だれが見てもすぐにわかること（かわいい，背が高い，きれいなど）は，話し手が判断する必要がないので「～そうです」を使いません。
(26)　先生は，【○髪が長いです／×髪が長そうです】。

理解をチェックしましょう　3　　理解できたら，□に✓しましょう。

□ どちらが正しいですか。選んでください。理由を説明してください。

(27)　きのう大阪で地震が【あったそうです／ありそうです】。

(28)　新しい映画のポスターを見て
「この映画，【おもしろそうですね／おもしろいようですね】。」

(29)　患者「きのうからのどが痛くて，熱もあります。」
医者「かぜ【そうですね／のようですね】。」

□「〜そうです」の2つの意味は何ですか。接続の形はどうちがいますか。

□ 直感で判断した時に使う表現は何ですか。

▶表現のまとめ

話し手の判断を表すモダリティ表現を図にまとめました。確信の強さと根拠があるか，ないかがポイントです。「〜と思います」は，それらに関係なく，どのような場面でも使えます。

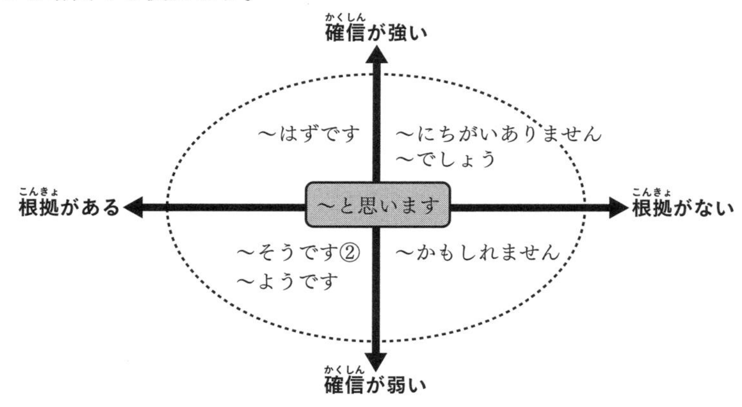

3 分析してみましょう

身近にある教科書ではどんな例文が出てきていますか。それぞれ整理してみましょう。

〈〜と思います〉 例　マイさんは今日来ないと思います。

〈〜でしょう〉 例　明日は雨でしょう。

〈～かもしれません〉 例　明日のパーティーに行けないかもしれません。
〈～はずです〉 例　天気がよければ，たくさん星が見えるはずです。
〈～そうです①〉 例　きのう，パリで地震があったそうです。
〈～そうです②〉 例　ボタンが取れそうです。
〈～ようです〉 例　この部屋にはだれもいないようです。

4 文法プラスアルファ

▶「～はずです」と「～べきです」のちがい

日本語では，(30) のように，根拠があるので強く信じる時に使う「はず」と，(31) のように，マナーやモラルがあるのでそうするのが当然だと思っている「べき」をわけています。他の言語では，「～はず」と「～べき」を同じことばで表す言語もあります。

(30)　料理上手な彼女が作ったのだから，おいしい【○はず／×べき】です。
(31)　命を大切にする【○べき／×はず】です。

5 授業で使えるアイデア

◉文法チェッククイズ

どちらが正しいですか。正しいほうに○をつけてください。
①クラスには，子ども【も／しか】います。
②お酒は，ビール【だけ／しか】飲めます。
③読みたがっていた本，持ってきた【ね／よ】。
④部長の話によると，来月社長が代わる【そうです／はずです】。
⑤ジョンさんは最近結婚して，幸せ【そうです／ようです】。
⑥わぁ，きれいな星。明日も晴れる【かもしれません／でしょう】。
⑦あれ，かぎが…。どこかで落とした【かもしれません／はずです】。

◉練習のアイデア

★みんなをよろこばせよう！ A

目標

人や場面に合った提案ができる。

やり方

①クラスからひとり選びます。だれでもいいです。
②選ばれた人がよろこぶことを，ほかの人が考えて提案します。
③どうしてその提案をしたか，理由も説明します。

例　**（先生・誕生日プレゼント）**

A「先生の誕生日プレゼントは何がいいでしょうか。」
B「お酒はどうですか。先生は日本酒が好きだと思います。」
C「ワインのほうがいいと思います。日本酒は飲まないかもしれません。」
D「お酒よりチョコレートのほうがいいと思います。先生は，よく私たちにお菓子をくれるから，甘いものが好きなはずです。」
A「そうですね。じゃあ，チョコレートにしましょう。」

★あなたに私の気持ちがわかりますか？ B ▶

目標

自分ではない人の気持ちになって，思っていることが話せる。

やり方

①ペアを作ります。
②その人（物）の気持ちになって，思っていることを話します。
　例「教室で，えんぴつと消しゴムが話しています。」
③クラスで発表します。自分ではない人（物）の気持ちがよく表せているペアを選びます。

例　(えんぴつと消しゴム)

えんぴつ　「消しゴムくんは，いいなぁ。いろいろかわいいデザインがあって。僕なんか太さや長さもほかのえんぴつと同じで，つまらないよ。それに，なくされたり，捨てられたりして，全然大事にしてもらえないんだよ。」

消しゴム　「僕はえんぴつくんがうらやましいよ。いつも頭がツンツンとがっていてかっこいいよ。僕は使われるとすぐに頭が丸くなっちゃうんだよ。」

えんぴつ　「そうか。僕ってかっこいいんだ。知らなかったよ。」

※「えんぴつと消しゴム」のほかに，「くつとくつ下」「つくえといす」「スプーンとはし」「電話とメール」「包丁とまな板」などでもいいです。

p.65　文法チェッククイズの答え

①：も　②：だけ　③：よ　④：そうです　⑤：そうです　⑥：でしょう　⑦：かもしれません

比べてはっきり話せます

「は」と「が」

1 このことば　知っていますか　説明できますか

□ 格助詞：かくじょし
□ とりたて助詞：とりたてじょし
□ 動作主：どうさしゅ
□ 対比：たいひ
□ 排他：はいた
□ 主題：しゅだい
□ 主語：しゅご
□ 疑問詞：ぎもんし
□ 主節：しゅせつ
□ 従属節：じゅうぞくせつ
□ 複文：ふくぶん

2 場面から考えましょう

上のように「が」を使ってもまちがいではありませんが，「リンゴは好きですが，ナシは好きじゃありません」と「は」を使って言うと，リンゴとナシを比べていることがわかりやすくなります。「は」には「比べるものがある」という意味があります。ここでは「は」の使い方や「が」の使い方の基本を学び，比べてはっきり話せるようになりましょう。

Q1.「は」と「が」は同じ助詞ですか。

同じ助詞ではありません。「が」は**格助詞**,「は」は**とりたて助詞**です。「が」は格助詞なので，述語との関係（動詞の場合は**動作主**など，形容詞や名詞の時は状態の主語など）を表しています。しかし,「は」は，述語に関係がありません。話し手が話題として取りあげたものという意味です。また,「は」には**対比**を表す意味があります。

（☞格助詞についてはChap.01を見てください）

理解をチェックしましょう 1 理解できたら，□に✔しましょう。

____にことばを入れましょう。

□「は」は__________助詞で,「が」は__________助詞です。

▶述語の品詞によるちがい

形容詞や名詞が述語になる場合，普通使われるのは「は」です。「が」を使うと（2）のBの「弟が嫌いなんです」のように**排他**の意味が出てきます。

（1） 太郎は学生です。

（2） A「魚は嫌いですよね。」

B「いいえ，私は好きです。弟が嫌いなんです。」

動詞が述語になる場合は「は」でも「が」でも使えます。ただ，動詞でも否定文の時は，いつも「は」になります。

（3） 私はどこにも行きません。

注意

形容詞や名詞が述語になる時は，その対象が「が」で表されます。「を」ではないことに注意してください。

（4） わたしはリンゴ【○が／×を】好きです。

理解をチェックしましょう 2 理解できたら，□に✔しましょう。

□ 動詞以外が述語になる場合には対象を示すのに「が」を使いますか，「は」を使いますか。

▶主題を表す「は」，主語を表す「が」

話し手が**主題**として選んだものが，「は」で表されます。これを「とりたてる」と言います。(5a) は対象の「デザート」が主題としてとりたてられ，(6) は道具を表す「箸」が主題としてとりたてられています。

(5a) デザートは私が作ります。←私はデザートを作ります。

(6) 箸ではカレーが食べにくいです。←箸でカレーが食べにくいです。

この「は」は「なら」でも表現することができます。

(5b) デザートなら私が作ります。

(☞「なら」については，Chap.15を見てください)

「が」は気がついたこと，見たことをそのまま表します。(7) や (8) の文の「が」は**主語**の意味の「が」です。「降る」の主語は「雨」であるということですし，「来る」の主語は「バス」だということです。

(7) 雨が降っています。

(8) あ，バスが来ましたよ。

注意

主題を表すために格助詞を「は」でとりたてる時，格助詞の「が」と「を」は消えて「は」だけになります。

他の「に」「で」「から」などは後ろに「は」がついて，「には」「では」「からは」などになります。

(☞「とりたて助詞」はChap.08を見てください)

理解をチェックしましょう 3 理解できたら，□に✔しましょう。

□「は」は何を表しますか。
□「が」は何を表しますか。

▶対比の「は」と排他の「が」

上で見た「主題」と「主語」以外に，「は」には「対比」の意味，「が」には「排他」の意味があります。この特別な2つの意味を見ていきましょう。

まずは，「は」の「対比」の意味です。(9) や (10) の文には「他に比べるものがある」という意味があります。(9) はブルーベリーと他の果物を比べていますし，(10) はこどもと大人を比べています。

(9)　ブルーベリーは食べません。(他の果物は食べます)

(10)　こどもにはプレゼントをあげます。(大人にはあげません)

文のはじめのほうで「は」を使うと，対比の意味になりやすいです。

次に，「が」の「排他」の意味です。(11) や (12) の文には特別な「他に〜ない，たったひとつの」という意味があります。(11) の文は「あなたの他に社長はいない」という意味ですし，(12) の文は「他においしい店はない」という意味があります。

(11)　あなたが社長です。

(12)　この店が一番おいしいです。

注意

「排他」とこの本で呼んでいるものは「総記」と呼ばれることもあります。

理解をチェックしましょう 4 理解できたら，□に✔しましょう。

＿＿にことばを入れましょう。
□ 特別な意味を持っているのは＿＿＿＿＿を表す「は」です。
□ 特別な意味を持っているのは＿＿＿＿＿を表す「が」です。

Q2. 使い分けの簡単なルールはありますか。

▶述語を選ぶ時は「は」，主語を選ぶ時は「が」を使う。

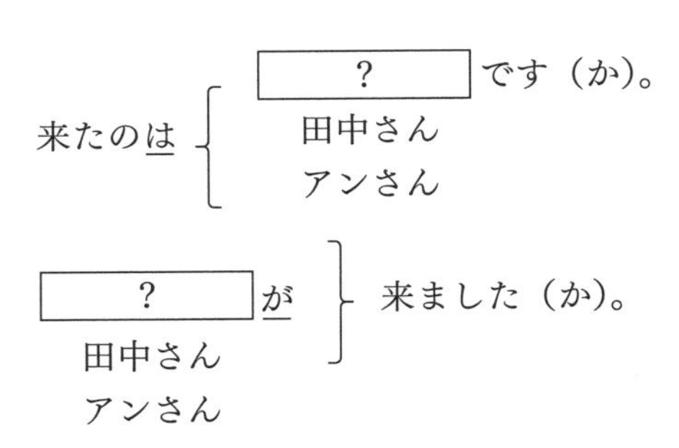

(13) (14) のように述語を選びたい時は「は」が使われます。**疑問詞**（「いつ」「どこ」「だれ」「なに」など）が述語にある時も「は」です。

(15) (16) のように主語を選びたい時は「が」が使われます。疑問詞が主語にある時も「が」です。

(13)　食べたのは何ですか。

(14)　食べたのはてんぷらです。
　　　　（ステーキです）
　　　　（すしです）

(15)　何がおいしかったですか。

(16)　てんぷらがおいしかったです。
　　（ステーキが）
　　（すしが）

注意

述語を選ぶ時＝既知（旧情報）＝「は」を使う。

主語を選ぶ時＝未知（新情報）＝「が」を使う。

と説明することもできます。「旧情報」とはすでに指すものがはっきりわかっている情報のことで，「新情報」とはまだわかっていない新しい情報のことです。

理解をチェックしましょう 5 理解できたら，□に✓しましょう。

□ 疑問詞が主語にある時は「は」を使いますか，「が」を使いますか。

Q3. 複文の時の，「は」と「が」のルールがわかりますか。

▶ **従属節の主語と主節の主語がちがうなら「が」を使う。**
従属節の主語と主節の主語が同じなら「は」を使う。

(17) 弟が 寝ている時 地震が 起きました。

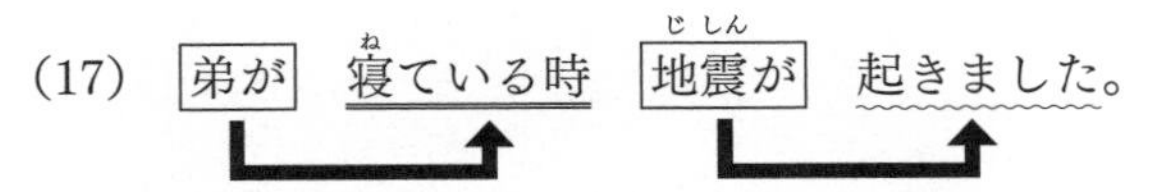

(18) 弟は おふろに入っている時 歌を歌います。

上の文を見てください。(17) の文では，**従属節**の主語は「弟」ですが，**主節**の主語は「地震」です。このように従属節の主語と，主節の主語がちがう時は，「が」を使います。

しかし，(18) では，主節と従属節の動作主は両方とも「弟」です。このような時は「は」を使います。(19) のように主節のための主語を使う必要はありません。

(19) ×弟はお風呂に入っている時，弟が歌を歌います。

注意

複文に「主語＋は」が2つある時もあります。その時はいつも対比の意味です。次の例は弟と兄を対比しているので，「は」が2つあります。

(20) 「弟はピアニストだが，兄は音符も読めない。」

理解をチェックしましょう 6 理解できたら，□に✓しましょう。

□ 複文で，従属節の中はふつう「は」ですか「が」ですか。

3 分析してみましょう

次のA～Eの例文を次の4つの使い方に分類しましょう。

は「主題」：「世界で人気のiPhoneはApple社が作っています。」
は「対比」：「リンゴは好きですが，ナシは好きじゃありません。」
が「主語」：「雨が降っています。」
が「排他」：「あなたが社長です。」

（A）この答えは私が知っています。
（B）何がおいしかったですか。ステーキがおいしかったです。
（C）弟は勉強がよくできますが，私はあまりできません。
（D）あ，バスが来ましたよ。
（E）この問題が難しいです。

4 文法プラスアルファ

「は」と「が」を使いわけるのは学習者にとって難しいです。どちらも使える場合も多いからです。

構文的に決まる場合は次の時です。

は	名詞文・形容詞文の時 (1) (4) 否定文の時 (3) 疑問詞が述語にある時 (13)
が	従属節内の述語を行う動作主だけを示す時 (17) 疑問詞が主語にある時 (15)

最後の数字は本文中の例文番号です。

意味的に決まる場合は次の時です。

は	2つのものを比べて言いたい時 (9) (10) 指すものがすでにわかっている時 (旧情報) (1) (14)
が	「他にはない」「たったひとつの」(排他) と言いたい時 (11) (12) 指すものが新しく出てきたばかりのものの時 (新情報) (7) (8) (16)

5 授業で使えるアイデア

★トピックで話そう A PDF

目標

話題について「は」を使って話せる。

やり方

①話題のカードと，回答を書き込めるインタビューシートを用意しておきます。

②学習者に1枚ひかせてクラスメートに質問させます。答えはインタビューシートに書かせます。

例1 和食のカード A「(和食のカード) 和食は何が好きですか？」
B「和食は寿司が好きです。」
C「和食はお好み焼きが好きです。」

例2 スポーツのカード A「スポーツは何が好きですか？」
B「スポーツはサッカーが好きです。」
C「スポーツは水泳が好きです。」

★犯人は誰だ？ A PDF ▶

目標

「Vたのは誰ですか？」「Vたのは○○です。」という強調文が使える。

やり方

①食べたリンゴの絵1枚と食べていないリンゴの絵を人数分－1枚用意します。それらのカードを混ぜて学生に1枚ずつひかせます。（落書きした本の絵などでもいいです。）

②表情を見ながら食べたリンゴの絵が当たった人を探して聞きます。

A「リンゴを食べたのは，ケイトリンさんですか。」

B「いいえ，リンゴを食べたのはわたしではありません。」

★実況報告してみよう B PDF

目標

「が」と「は」を正しく使ってあらすじが言える。

やり方

①教員は動作をする人が2人以上いる，ストーリーのある動画や漫画などを用意します。または，学習者が好きな動画を用意してもいいです。タスクシートも用意してください。

②学習者は「は」と「が」を正しく使って，何が起きたかを説明をします。「赤ちゃんが泣いていると，大きな白い犬がやってきて，赤ちゃんの顔をなめます。赤ちゃんは泣くのをやめて，にこにこ笑います。」

③説明のあとで，実際に動画や漫画を全員が見て，誰が何をしたかがよくわかったかを判定します。タスクシートに○・△・×でわかりやすさを評価してください。

なぜなのかがうまく伝えられます

理由を表す表現

1 このことば　知っていますか　説明できますか

- □ 後件：こうけん
- □ 前件：ぜんけん
- □ 主節：しゅせつ
- □ 従属節：じゅうぞくせつ

2 場面から考えましょう

閉店する理由をちゃんと説明しているのに，どうしてお客さんは怒ってしまったのでしょうか。理由の言い方はいろいろあります。ここでは，場面や相手に合わせてなぜなのかがうまく伝えられるように，それぞれのちがいを知って，使い方を考えましょう。

3 分析してみましょう

身近にある教科書ではどんな例文が出てきていますか。それぞれ整理してみましょう。

〈から〉 例 時間がありませんから，ご飯を食べません。

〈ので〉 例 まだ18歳なので，お酒は飲めません。

〈〜て/で，〜〉 例 台風で，電車が止まりました。

風が強くふいて，木が倒れました。

〈おかげで／せいで〉 例 母のおかげで，忘れ物をしませんでした。

Q1. 理由を表す表現（「から」と「ので」）に接続する活用形は何ですか。

▶「から」と「ので」

> 普／丁 ＋**から，〜**
>
> 普（Naな・Nな）／丁 ＋**ので，〜**

どちらも原因，理由を言う時によく使われる表現です。しかし，許可をもらう場面や（2）のようなお客さんに説明する場面など丁寧に話したほうがいい時は「ので」を使いましょう。「から」は「ので」より主観的に理由を伝えるので，丁寧形の接続にしても相手に失礼な印象を与えてしまいます。78ページの「もう9時ですから。」も失礼なので，「もう9時ですので。」とすると，スムーズです。

（1） 今年の夏はとても暑い【から／ので】，病気になる人が増えている。

どちらも普通形と丁寧形に接続しますが，（2）のように**後件**が丁寧形の場合は，**前件**も丁寧形にしたほうがもっと自然です。

（2） 時間がありません【から／ので】，先に始めましょう。

理解をチェックしましょう 1 理解できたら，□に✔しましょう。

□ 次のように許可をもらうための理由を説明する時にはどちらがいいでしょうか。

（3） 部長，頭が痛いですから，帰ってもいいでしょうか。

（4） 部長，頭が痛いので，帰ってもいいでしょうか。

「から」と「ので」の使い方は同じなんですか？
それなら，どちらを使ってもいいでしょう？

注意

「から」と「ので」の使い方はほとんど同じですが，ちがう点もあります。

①(5) のように，「です」の前に使えるのは「から」だけです。

(5)　A「どうして今日のパーティーに行かないんですか。」
　　B「仕事がある【から／×ので】です。」

②**主節**が疑問文の場合，**従属節**は「から」しか使えません。

(6) 仕事がある【から／×ので】，今日のパーティーに行かないんですか。

③命令文の場合，従属節は「から」しか使えません。

(7) 部屋が汚れている【から／×ので】，掃除しなさい。

理解をチェックしましょう　2　　理解できたら，□に✓しましょう。

□「から」と「ので」のちがいを説明してください。

Q2．テ形で理由を説明する時もありますが，それはどんな時ですか。

▶～て，～

テ／**A（くて），～**

次のようにテ形を使って理由や原因を言うこともできます。

(8)　日本語が難しくて，読めません。(理由)

(9)　ねぼうして，会議に遅れてしまいました。(原因)

しかし，どちらの場合も後件に依頼や話し手の意志を言うことはできません。

(10)　パソコンが【×壊れて／○壊れたから／○壊れたので】，修理してくれませんか。　(☞「〜て,〜」の使い方についてはChap.06を見てください)

Q3. 他にも理由を述べる表現はありますか。ある場合，どんな表現を知っていますか。

▶「ために」

夕・Naな・Nの　+**ため（に）〜**

書きことばでよく使われる表現です。後件には依頼や意志などの表現は使えません。

(11)　コンサート【のため／があったため】，今日は駅が混んでいました。

注意

「ために」の前の動詞は意志的ではないものを使いましょう。意志動詞にすると，「目的」の意味になることがあります。

「から」と「ので」は話し手の判断の根拠に使えますが，「ために」には使えません。

(12)　×コンサート【のため／があったため】，今日は駅が混むでしょう。
　　→コンサートがある【から／ので】，今日は駅が混むでしょう。

理解をチェックしましょう 3　　理解できたら，□に✔しましょう。

□「〜て，〜」「〜ために」を教える時に学習者に伝えるべき注意点は何ですか。

▶「おかげで」と「せいで」

普 (Naな・Nの) +**おかげで〜**
普 (Naな・Nの) +**せいで〜**

どちらも「話し手の判断の根拠」に使えない点は同じです。しかし，話し手の気持ちが同じではない点が大きなちがいです。

「おかげで」の前のことがいいと思っている時は，(13) のように「おかげで」を使います。

(13) 彼が教えてくれたおかげで，試験に合格できました。

反対に，よくないと思っている時は，(14) のように「せいで」を使います。

(14) 彼が遅れたせいで，予約していた飛行機に乗れませんでした。

理解をチェックしましょう 4　理解できたら，□に✓しましょう。

□「おかげで」と「せいで」を教える時，どんな例文を示すとちがいがわかりやすいですか。また，それはどうしてですか。

4 授業で使えるアイデア

★いやな誘いを断ろう！ A

目標

相手の気持ちを考えながらうまく断ることができる。

やり方

①ペアまたはグループになります。

②一人は誘い続けるが，それを聞いてもう一人は断り続けます。

③断る理由がなくなったら，終わりです。たくさん理由が言えた人が勝ちです。

例

A「カラオケに行きませんか。」

B「今日はアルバイトがあるので，行けません。」

A「でも，7時に終わるでしょ？」

B「すみません。そのあと宿題をしなければならないので…」

A「でも，宿題はすぐ終わるでしょ？」

★お願いします！ A

目標

相手に丁寧にお願いすることができる。

やり方

①ペアになります。

②じゃんけんをして，負けたほう（A）はお願いをします。ペア（B）は，それを聞いて別のお願いをします。

A「Bさん，すみません。ケータイを忘れたので，貸してくださいませんか。」

B「ええ，いいですよ。どうぞ。じゃあ，ちょっと暑いので，エアコンをつけてくださいませんか。」

③1個ずつ言ったら，じゃんけんをして，またお願いをする役を決めます。

★あなたはどっち!? B PDF ▶

目標

テーマについて自分の意見とその理由を言うことができる。

やり方

①教員がテーマを言い，学習者にどちらがいいか考えさせます。

例

「一人で旅行に行くのがいいか，友達と旅行に行くのがいいか」

「タイムマシーンがあれば未来に行くか過去に行くか」など

②どちらかを選ばせ，グループにします。

※どちらかの人数が多かった場合，練習ですから教員がわけてもいいです。

③グループでその理由をたくさん話し合って出させます。

④クラス全員でディスカッションします。その時，グループで話し合った理由を言います。

⑤どちらがいいかをクラスで決めます。

※最後にディスカッションした内容を作文で書かせてもいいです。

まだ終わっていないことがはっきり伝えられます

アスペクト

1 このことば　知っていますか　説明できますか

□ アスペクト：あすぺくと
□ 変化を表す動詞：へんかをあらわすどうし
□ 瞬間動詞：しゅんかんどうし
□ 進行：しんこう
□ 結果の状態：けっかのじょうたい

2 場面から考えましょう

(1) のような場面では，(1a)「消さないでください」は直接的で強すぎます。代わりに，(1b) のように「書いています」を使えば，「消さないでほしい」ということがやわらかく伝えられます。「ています」は，聞き手に「まだ途中で，終わっていないこと」を伝える場面で使うと便利です。ここでは，「ています」で表される**アスペクト**について考えましょう。

アスペクトは「ています」などで出来事の一部をとらえているということを表します。出来事の全体は「食べます→食べています→食べました」という順番で進みます。「〜ています」は動詞のテ形に接続します。

テ　+います

注意

「いる」「ある」などの状態動詞は「〜ています」が作れません。

Q1. どちらが正しいですか。なぜですか。

▶「まだ〜ていません」の使い方は難しい

(2)「田中先生はもう帰りましたか。」
「いいえ，まだ学校にいます。
【a.帰りませんでした／b.まだ帰っていません】。」

(3)「今から帰りますか。」
「いいえ，【a.まだ帰りません／b.まだ帰っていません】。」

(2b) と (3a) が正しいです。「まだ〜ていません」と「まだ〜ません」は使い方がちがいます。(2) のように，質問が「ましたか」の時は「〜ています」を使って答えます。「帰っていません」は「帰る」が終わっていないことを表します。

これに対して，(3) のように質問が「〜ますか」の時は，「〜ません」を使います。「あとで帰る」ことを表します。

(☞肯否については，Chap.03を見てください)

Q2. どちらが正しいですか。なぜですか。

(4)　食堂の人「かたづけてもいいですか。」
食事の途中でトイレに行って帰ってきた学生「いいえ，まだ【a.食べています／b.食べていません】。」

(4a) が正しいです。(4a) の「まだ」と (4b) の「まだ」は意味がちがいます。(4a) の「まだ」は「前も食べていて，今も食べている」という意味です。(4b) の「まだ」は「食べることを始めていない」という意味です。

理解をチェックしましょう 1　　理解できたら，□に✔しましょう。

□「ています」はどんな場面で使うと便利ですか。
□「まだ帰っていません」「まだ帰りません」はどうちがいますか。
□「ています」を教える時に学習者に伝えるべき注意点は何ですか。
□ (5a) と (5b) はどうちがいますか。
(駅で並んでいる列にあとから入ってきた人に)
(5a)「入らないでください。」
(5b)「並んでいます。」

Q3.「ています」はどんな動詞と一緒に使いますか。

〈タイプ1　ています〉
一緒に使う動詞は動作動詞
例　走ります，泳ぎます

〈タイプ2　ています〉
一緒に使う動詞は**変化を表す動詞・瞬間動詞**
例　(電気が) つきます，こわれます，結婚します，落ちます

3 分析してみましょう

身近にある教科書では，タイプ1の「ています」とタイプ2の「ています」のどんな例文があるか調べてください。

〈タイプ1〉 例 マイさんは今ごはんを食べています。

〈タイプ2〉 例 木が倒れています。

タイプ1の「～ています」は動作・出来事の**進行**，タイプ2の「～ている」は結果の状態を表します。

Q4．タイプ1とタイプ2の「ています」はどうちがいますか。

▶タイプ1　進行

タイプ1は動作動詞（走ります，泳ぎます…）を「ている」にすると進行を表します。図1のように食べる前は「食べます」，食べている時は「食べています」，食べた後は「食べました」で，出来事全体は「食べます→食べています→食べました」の順番になっています。「ました」が「ています」の後ならタイプ1です。

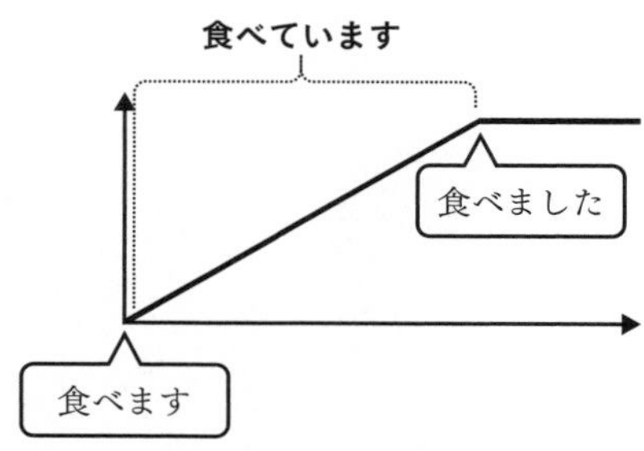

図1　「食べています」

▶タイプ2　結果の状態

変化を表す動詞・瞬間動詞を「ている」にすると，**結果の状態**を表します。タイプ2は，図2のように「倒れます→倒れました→倒れています」の順番です。木が倒れる前は「倒れます」ですが，「倒れています」は「倒れました」の後になります。「ました」が「ています」の前ならタイプ2です。

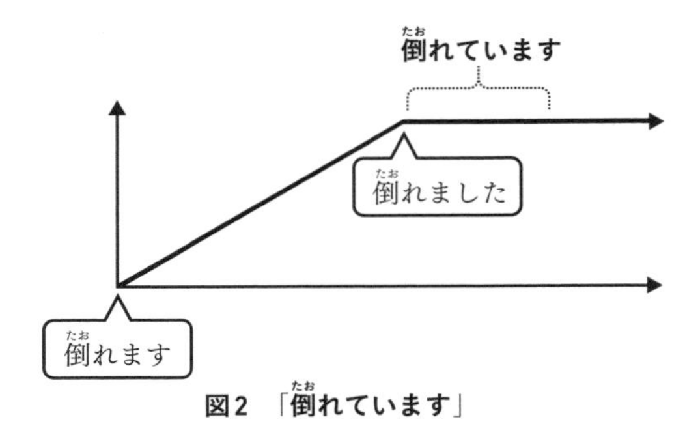

図2 「倒れています」

タイプ1になるか，タイプ2になるかは，「ました」が「ています」の前か後かでわかります。たとえば，(6)の「行きます」は「ました」が「ています」の前なのでタイプ2です。

(6) 父は仕事でアメリカに行っています。今アメリカに住んでいます。

「他動詞＋てあります」も「自動詞＋ています」も結果の状態を表します。「てあります」は，たとえば，(7)のように「お客さんが来る」目的のためにドアを開けたことを表します。これに対して，(8)の「ています」では，誰が何の目的のために開けたかわかりません。

(7) お客さんが来るので，ドアが開けてあります。

(8) ドアが開いていますね。寒いので閉めましょうか。

(☞「てあります」についてはChap.12を見てください)

理解をチェックしましょう 2 理解できたら，□に✓しましょう。

- □「ています」が作れない動詞はありますか。
- □ 下の動詞から変化を表す動詞・瞬間動詞を選んで○をつけてください。
  食べます，壊れます，結婚します，働きます，消えます，探します，倒れます，(ドアが) 開きます

4 文法プラスアルファ

「ています」は「毎日」「いつも」などと一緒に使うと繰り返す習慣を表すこともできます。

(9) 健康のために毎日野菜を食べています。

「ています」は他に「経験」「性質」を表すこともあります。

(10) このお寺は今まで3回火事で焼けています。(経験)

(11) この先の道は曲がっています。(性質)

注意

「知ります」「わかります」はタイプ2で,「知った」「わかった」後に,結果の状態「知っています」「わかっています」になります。「知りません」「わかりません」は「知る前」「わかる前」の状態を表します。「知っていますか」「わかりますか」は,否定の答え方に注意が必要です。(12) で正しいのは「知りません」「わかりません」です。「知っていません」は使えません。「知った」後に「知ったこと」を忘れることはできないからです。

(12) A「知っていますか。」

B「【×知っていません/○知りません/○わかりません】。」

これに対して,「わかっていません」は使える時と使えない時があります。(13) のように「理解できたか/理解できなかったか」どちらなのかを表す時,「わかっていません」は使えません。「知りません」は,無責任で失礼な印象になります。

(13) A「わかりますか。」

B「【○わかりません/?? わかっていません/??知りません】。」

しかし,程度を表す時,使えることがあります。たとえば,(14) のように「まだ」をつけて「完全な理解」まで行かない不十分な状態を表すなら使えます。

(14) A「わかりますか。」

B「まだよく【○わかっていません/○わかりません】。」

5 授業で使えるアイデア

◉文法チェッククイズ

①〜④の「ています」は，a.b.のどちらと同じ用法ですか。

【a.今ごはんを食べています。　b.木が倒れていますから，危ないです。】

①田中さんは太っています。(　　)

②あっ，虫が飛んでいます。(　　)

③電気がついています。(　　)

④車が止まっています。(　　)

◉練習のアイデア

★途中なので断ります　A　PDF

目標

まだ終わっていないことを伝えて断ることができる。

やり方

①ペアを作ります。

②Aさんは下の例のような質問をしてください。

③Bさんは「ています」で答えて断ってください。

例　A「テレビを消してもいいですか。」

　　B「いいえ，おばあさんが見ています。」

★私は歌手　B　PDF　▶

目標

習慣を説明して，どんな仕事の人か答えることができる。

やり方

①「ボディビルダー」「ライフセーバー」などいろいろな仕事の名前を導入しておきます。

②ペアを作ります。

③ワークシートXとYをペアの2人に見えないように配ります。

④1人はワークシートXを見て，その人が仕事のために毎日どんなことをしているか説明してください。もう1人はそれを聞いて仕事を当てます。

⑤次に，もう1人がワークシートYを見て，その人が仕事のために毎日どんなことをしているか説明してください。もう1人はそれを聞いて仕事を当てます。

★原因は？ B PDF

目標

結果の状態の絵を見て原因が言える。

やり方

①ペアを作ります。

②Aさんは絵aを見せて「マイさんの部屋は電気が消えています。どうしたと思いますか。」「氷がとけています。どうしてだと思いますか。」などと質問します。Bさんは絵bから原因をさがして答えます。

例　A「部屋の電気が消えています。どうしたんでしょうか。」

　　B「海外旅行に行ったんだと思います／んじゃないでしょうか。」

p.92　文法チェッククイズの答え

①：b　②：a　③：b　④：b

自分に責任がないことがはっきり言えます

自動詞・他動詞

1 このことば　知っていますか　説明できますか

□ 自動詞：じどうし　□ 他動詞：たどうし
□ 意志的：いしてき　□ 生物：せいぶつ

2 場面から考えましょう

ホテルの部屋でシャワーに入ったら，シャワーの水が冷たくて困りました。ホテルの人にどう言いますか。

「**自動詞**＋ています」はトラブルについて自分に責任がないことをはっきり言いたい時便利です。ホテルで客が文句を言う時,「自動詞＋ています」を使って(2) のように言わなければなりません。自動詞は自分に責任がないことが表せます。(1) のように言うと，シャワーをこわした責任は客にあることになります。ここでは，自動詞と**他動詞**について考えましょう。

(1)　シャワーをこわしました。

(2)　シャワーがこわれています。

Q1. どちらが正しいですか。

(3) すみません。地震の時，花びんが落ちて【a.割れ／b.割っ】てしまったんです。

(3a) が正しいです。自動詞は自分に責任がないことが表せます。(3) の「花びん」のように生物ではないものが主語の時，出来事は自然に起こったことを表していて，だれがしたのか問題にならないから，自動詞を使います。(4) (5) も同じです。

(4) 髪の毛が【○伸びた／×伸ばした】ね。

(5) 5キロぐらい車の渋滞【○が続いて／×を続けて】います。

これに対して，他動詞は**生物**が何かをしようと思って**意志的**に対象に働きかけることを表します。(6) の主語は「私」なので，他動詞「を続けます」「を叶えます」を使います。

(6) 私は毎日練習【○を続けて／×が続いて】います。夢【○を叶え／×が叶い】たいです。

自動詞は「～が」，他動詞は「～を」と一緒に使いますが，例外もあります。(7) の「相談します」は他動詞ですが，「に」と一緒に使います。また，(8) の「行きます」は対象に働きかけるわけではないので自動詞ですが，「に」と一緒に使います。

(7) 留学について先生に相談しました。(他動詞)

(8) さっき駅に行きました。(自動詞)

自動詞と他動詞は次の表のようにペアになっていることが多いです。

自動詞	他動詞
が -reru が壊れる，が倒れる	を -su を壊す，を倒す
が -eru が増える	-asu を増やす
が -iru が起きる	を -osu を起こす
が -u が泣く	を -asu を泣かす
が -u がつく，が開く	を -eru をつける，を開ける
が -aru が上がる，が集まる	を -eru を上げる，を集める
が -reru が売れる，が割れる，が切れる	を -ru を売る，を割る，を切る
が -eru が見える，が聞こえる	を -ru を見る，を聞く

理解をチェックしましょう 1　　理解できたら，□に✔しましょう。

□ 自動詞・他動詞はどうちがいますか。
□「を」と一緒に使うのは，自動詞ですか。他動詞ですか。
□「相談します」「行きます」は「を」と一緒に使いますか。

Q2. 他動詞「をつける」と自動詞「がつく」はどうちがいますか。

(9)　電気をつけようとしましたが，壊れていてつきませんでした。

(10)　電気がついたので，明るいです。

他動詞はその動作をしたことを表していて結果を問題にしません。たとえば，(9) の他動詞「電気をつけようとした」は「電気をつける動作をしたことを表していて，結果は問題ではありません。

これに対して，自動詞は結果を表します。(10) の自動詞「電気がついた」は結果として動作が達成したことを表します。

自動詞は結果の達成を表すので，可能も表すことがあります。-eru型自動詞「が割れる」「が切れる」などは可能も表します。

(11)　このはさみはよく切れます。

(☞可能についてはChap.07を見てください)

注意

自動詞と可能形

「氷がとける」は自動詞で結果の達成を表すので，可能の「(ら) れる」は必要ありません。

(12)　氷が【○とけません／×とけられません】。

「氷がとける」「花がさく」「お湯がわく」「電気がつく」など状態の変化を表す自動詞は注意が必要です。

(13)　電気が【○つきません／×つけません】。

(13) の「がつきます」は自動詞です。「つけます」は他動詞なので，「が」と一緒に使えません。自動詞「つきます」に可能形はありません。

Q3. 自動詞しか使えない文型にはどんなものがありますか。

結果の状態を表す「ています」は自動詞と一緒に使う文型「自動詞＋ています」になります。

(14)　窓が【○割れて／×割って】います。

(15)　電気が【○ついて／×つけて】います。

(☞「ています」についてはChap.11を見てください)

「てあります」は他動詞と一緒に使わなければなりません。下の例では自動詞「が開く」でなく，他動詞「を開ける」を使います。

(16)　お客さんが来るので，

ドア【○を開けてあります／×が開いてあります】。

そして，「ておきます」は意志動詞と一緒に使います。

(17)　すぐに使うので，ぬれたシャツは

【○乾かしておきます／×乾いておきます】。

理解をチェックしましょう　2　　理解できたら，□に✔しましょう。

□ 自動詞しか使えない文型は，「ています」「てあります」のどちらですか。

注意

「〜が見られます」と「〜が見えます」

たくさんの人によってされていることは，受身「が〜られます」で表します。まちがえやすいので注意しましょう。

(18)　京都では，着物を着ている人がよく【○見られます／×見えます】。

(☞可能「られます」についてはChap.07を見てください)

3 分析してみましょう

1）身近にある教科書では，自動詞・他動詞のどんな例文が出てきていますか。

例　自動詞　窓が閉まっています。

他動詞　試験までにこの本を読んでおきます。

2）身近にある教科書で「てあります」「ておきます」のどんな例文が出てきていますか。

「てあります」 例　交番に町の地図がはってあります。

「ておきます」 例　旅行のまえに案内書を読んでおきます。

4 文法プラスアルファ

自動詞と他動詞のペアがない場合もあります。他動詞はあるけれど，自動詞がない場合は，(19) のように動詞の受身形を代わりに使います。自動詞はあるけれど，他動詞がない場合は，(20) のように動詞の使役形を代わりに使います。

(☞使役についてはChap.14を見てください)

電気がつきます	電気をつけます
ペンが落ちます	ペンを落とします
(19) 卵が置か[れ]ます	卵を置きます
卵が腐ります	(20) 卵を腐ら[せ]ます

5 授業で使えるアイデア

◉文法チェッククイズ

どちらが正しいですか。

①もう夜10時なので，銀行が【a.閉めています／b.閉まっています】。

②やっと夢が【a.かないました／b.かなえました】。

③風で自然にドア【a.が開いた／b.を開けた】。

◉練習のアイデア

★トラブル！　どうしたんでしょうか？ [A] [PDF]

目標

電話でトラブルがあったことを伝え，その原因を言って，自分に責任がないことが説明できる。

やり方

例のようなトラブルとその原因を説明してください。

例

A「どうしたんですか。」

B「Wifiが使えないんです。」

A「あなたがこわしたんじゃないですか。」

B「いいえ。何もしていませんけど，こわれているんです。」

A「スイッチを入れましたか。スイッチを入れないと動きません。」

B「はい。スイッチを入れましたが，動かないんです。」

★社会の問題を解決しましょう B PDF

目標

社会の問題を取り上げてその解決方法が説明できる。

やり方

ワークシートを使って少子高齢化や地球温暖化などの対策について発表します。

「が終わります」と「を終えます」

「を終えます」「を終了します」は他動詞で,「が終わります」「が終了します」は自動詞です。しかし,「疲れたので, 今日はこれで練習を終わりましょう。」のように例外的に他動詞として使うことがあります。

また,「10時にお店が開きます（開く）。」は自動詞で,「10時にお店を開けます（開ける）。」は他動詞です。そして,「さくらの花がもうすぐ開きます（開く）。」は自動詞で,「コンビニができてこの町もだんだん開けてきた（開ける）。」は自動詞です。しかし,「本の15ページを開いてください。」のように「開く」を他動詞として使うこともあります。さらに, 他動詞「続ける」も「風が強く吹き続けています。」のような例外もあります。

p.99　文法チェッククイズの答え

①：b　②：a　③：a

Chapter 13 被害を受けたことがはっきり言えます

受身

1 このことば　知っていますか　説明できますか

□ 受身文：うけみぶん　□ 能動文：のうどうぶん
□ 直接受身：ちょくせつうけみ　□ 間接受身：かんせつうけみ

2 場面から考えましょう

こういう時は，受身を使うと伝わりやすいです。「私は自転車をとられました」と言います。次の例でも考えましょう。出来事と自分との関係がはっきりわかるようにするためには，どちらの言い方がいいですか。

A　泥棒に自転車をとられました。
B　泥棒が自転車をとりました。

どちらも「泥棒が自転車をとった」のは同じです。しかし，Aは泥棒が「私の自転車を」とったという意味です。「私」と「泥棒」の関係がよくわかりま

す。Bは，泥棒が「私の」自転車をとったということはわかりません。Aのように受身形を使うことで，自分との関係がわかります。ここでは被害を受けたことがはっきり言えるように，「受身」の働きと，受身の種類について勉強しましょう。

 Q1. どんな時に受身文を使いますか？

▶受身文を使う時

1．動作を受ける人について言いたいから使う。

　(1)　私は，お母さんに漫画を捨てられました。

2．動作主がわからない・言う必要がないから使う。

　(2)　マレーシアでは英語がよく話されています。

3．述語が2つある時，主語を同じにするために使う。

　私が宿題を忘れて，先生が私を叱りました。

　→ (3)　私は宿題を忘れて先生に叱られました。

受身文は，動作をする人よりも，動作を受ける人について言いたい時に使います。ですから，動作を受ける人は「自分」や，「自分に近い人（家族・友達・仲間)」のことが多いです。

また，動作主がわからない時は「だれかがさいふをとりました」ではなく，受身を使って「さいふをとられました」と表します。

主語をあまり言わない日本語では，主語をあまり変えません。「私が宿題を忘れて，先生が私を叱りました。」だと，主語が1つの文の中で「私」と「先生」の2種類あってよくありません。主語を同じにするために，1つの文で動作主がちがう時は受身を使います。

理解をチェックしましょう 1　　理解できたら，□に✔しましょう。

□ 受身文はどんな時に使いますか。

Q2.「受身形」はどんな活用ですか？

▶受身形の活用

Ⅰ類動詞　iます→a＋remasu

いいます：いわ＋れます／とります：とら＋れます

(4)　私は部長に呼ばれました。

Ⅱ類動詞　+raremasu

ほめます：ほめ＋られます

(5)　私は部長にほめられました。

Ⅲ類動詞　きます→こ＋られます／します→さ＋れます

(6)　私は部長に質問されました。

注意

Ⅱ類動詞とⅢ類動詞の「来る」は，受身形と可能形が同じ形です。

理解をチェックしましょう　2　　理解できたら，□に✓しましょう。

□ 受身形はどんな活用ですか。

Q3. 動詞を受身形にするだけで，受身文ができますか？

▶受身の時の文型

私が（は）　動作をする人に　**V受身形**

受身形になっている動詞を見てください。その動作をする人を「に」で表します。(7) の文で「ほめる」のは「先生」ですし，(8) の文で「とる」のは「泥棒」ですから，「に」で表します。主語は「は」か「が」で表します。

(7)　私は　先生に　ほめられました。

(8)　私は　泥棒に　さいふを　とられました。

理解をチェックしましょう 3　　理解できたら，□に✓しましょう。

□ 受身文では動作主を表す助詞は何ですか。

Q4. 受身文では，動作をする人はいつも「〜に」ですか？

▶「に」以外の動作主は「によって」と「から」です。

によって＋作られる・書かれる・建てられる

(9) 電話は ベルによって 発明されました。

から＋作られる

(10) ワインは ぶどうから 作られます。

動作をする人は「〜に」で表されることが多いです。しかし，「〜によって」，「〜から」で表すこともあります。「〜によって」は歴史的に何かを作った人を表す時に使います。また，「〜から」は原料を表す時に使います。

注意

受身形を使うと，動作の方向がよくわかりますから，動作主や動作の受け手を省くことも多いです。

(11) （私は）太郎に大切な本を破られました。

3 文法プラスアルファ

▶受身文の種類

直接受身　**主語は**　**動作主に**　**V（ら）れる。**

私が（は）　先生に　叱られました。

間接受身　**主語は**　**動作主に**　**持ち物（体の一部）を**　**V（ら）れる。**

私は　となりの人に　足を　踏まれました。

私は　雨に　降られました。

受身文には2つの種類があります。

1つは**直接受身**です。直接受身は，**能動文**の「〜を」が，受身文では（13）のように「〜が（は）」になります。いつも他動詞です。

（12）　先生が　私を　叱りました。(能動文)

（13）　私が（は）　先生に　叱られました。(受身文)

もう1つは**間接受身**です。目的語には持ち物や，体の一部が入ります。受身になると，(15) のように「私の足を」という目的語は「私は」という主語と「足を」という目的語にわかれます。

（14）　となりの人が　私の　足を　踏みました。(能動文)

（15）　私は　となりの人に　足を　踏まれました。(受身文)

間接受身は，自分が迷惑や被害を受けたことを表すことが多いです。(17) の例のように自動詞が受身になることもあります。

（16）　雨が　降りました。(能動文)

（17）　私は　雨に　降られました。(受身文)

注意

(17) のような自動詞の間接受身は使わずに，(18) のように能動文で表すことも多いです。意味も同じです。自動詞の間接受身を学習者に教える必要性は高くありません。

(18) ○雨が降ってぬれました。

理解をチェックしましょう 4 理解できたら，□に✓しましょう。

□ 受身文の種類にはどんなものがありますか。

4 分析してみましょう

身近にある教科書では受身の形「られる」を使ったどんな例文が出てきていますか。書き出してみましょう。

〈受身〉 例 「私は部長にほめられました。」
〈間接受身〉 例 「私は誰かに自転車をとられました。」

5 授業で使えるアイデア

★とられました！ A PDF ▶

目標

被害を伝えられる。

やり方

①教師は被害を絵カードにして，2枚用意します。1枚は被害者用，もう1枚は友達用です。
②同じカードが同じ人に当たらないように学習者に絵カードを配ります。
③絵に描かれたことを先に受身の形で言えた人が被害者になります。もう1枚，同じ絵のカードを持っている人が友達になります。

例　被害者「今日，電車の中で足を踏まれたんですよ。」
友達「痛かったでしょう。だいじょうぶ？」

★うれしいこと？　いやなこと？　B　PDF

目標

「〜てもらった（うれしいこと）」「〜された（いやなこと）」の区別ができる。

やり方

①よい経験と悪い経験について作文を書きます。よい経験には「くれる」，悪い経験には受身を使って書きます。

例　小学生の時，いじわるな男の子に大好きなスカートを破られました。その時先生が破れたスカートをきれいに直してくれました。

Part 04

スムーズに伝(つた)えてコミュニケーション

丁寧に申し出てスムーズにコミュニケーションできます

使役・授受

1 このことば　知っていますか　説明できますか

- □ 許可：きょか
- □ 使役：しえき
- □ 強制：きょうせい
- □ 授受表現：じゅじゅひょうげん
- □ ヴォイス：ゔぉいす
- □ 使役受身：しえきうけみ

2 場面から考えましょう

上の場面では，**許可**を求める表現「行ってもいいですか」で申し出をすることもできます。しかし，「行かせてください」と言ったほうが，より丁寧です。「行かせ」は動詞「行く」に**使役**を表す「せ（る）」をつけた形です。ここでは，丁寧に申し出る表現（使役，授受）について考えましょう。

▶使役

Q1. 使役の形はどう作りますか。

使役形は次の表のように作ります。

I類動詞 書きます	語幹 kak- ＋ -asemasu 書かせます
II類動詞 食べます	語幹 tabe- ＋ -sasemasu 食べさせます
III類動詞 来ます します	来させます させます

「行く」のような自動詞の場合，使役の文は（1）のように，動作（行く）をする人はヲ格で表します。

部下が　　パリへ　　行きます。

↓

（1）　社長が　　**部下を**　　パリへ　　行かせます。

これに対して，(2) の「を飲む」のような他動詞の場合にはヲ格（薬を）があるので，使役の文は「子どもを薬を飲ませます」としてはいけません。日本語では1つの文に「を」を2つ使うことはあまりよくないからです[5]。「飲む」の動作主は（3）のようにニ格「子どもに」で表さなければなりません。

（☞格については，Chap.01を見てください）

（2）　　　　**子どもが**　　薬を　　飲みます。

↓

（3）　医者が　**子どもに**　　薬を　　飲ませます。

理解をチェックしましょう　1　　　理解できたら，□に✔しましょう。

□ 使役で動作主を「に」で表すのはどんな時ですか。なぜ「を」が使えないのですか。

◆5　二重ヲ格制約

Q2. 使役の基本的な意味は何ですか？

使役は，基本的には（4）のように相手がしたくないと思っていることを「無理やりさせる」という**強制**を表します。

（4） 嫌がる娘に無理やり英語を習わせます。

しかし，（5）のように，相手がしたいと思っているコンテクストでは，「相手に自由にしてもいいと伝える」という「許可」の意味になります。

（5） 娘が行きたいと言ったので，イギリスに留学させます。

Q3. 使役「させていただく」「させてください」は，どんな場面で使うと丁寧ですか。

（6）のような使役「させていただく」は許可を求める場面で授受表現「いただく」「もらう」などと一緒に使うと丁寧です。

（6） すぐに戻ってくるので，ここに自転車を停めさせていただけませんか。（＝停めてもいいですか）

使役「させてください」は丁寧な申し出にもなります。（7）のように，先生に許可を求める場面では，「国から家族が来るので授業を休んでもいいですか」と言ってもいいですが，（7）のように使役形を使うともっと丁寧な申し出になります。

（7） 国から家族が来るので，授業を休ませてください。

丁寧な申し出は（8）のように「させてもらう」という形でも表せます。

（8） A「この会議，だれに行ってもらおうかな。」
B「じゃあ，私に出席させてもらえませんか。ぜひ行きたいと思っていたんです。」

理解をチェックしましょう 2 理解できたら，□に✔しましょう。

□ 使役は基本的にどんな意味を表しますか。
□ 使役の表現「させていただく」「させてください」はどんな場面で使うと丁寧ですか。

▶授受表現

物の移動を表す表現「あげます」「もらいます」などを**授受表現**と言います。授受表現も，受身や使役と同じ**ヴォイス**の1つです。

(9) は丁寧に申し出る場面ですが，(9a) のように「持たせてください」とは言えません。この場面では，学生が先生のかばんを持つ責任はないので許可を求める必要がないからです。このような丁寧に申し出をする場面では，「～てあげます」を使いがちですが，(9b)「お持ちします」が正しいです。「てあげます」が使えるのは，たとえば，子どもや犬など丁寧さが必要ない相手などです。

(10) (子どもに) かさをかしてあげるよ。

理解をチェックしましょう 3　　理解できたら，□に✔しましょう。

□ 授受表現「てあげる」を使うと失礼なのはどんな時ですか。
□ 先生に「持ってあげます」と言いたい時，かわりにどんな表現を使えばいいですか。

▶授受表現「あげます」と「もらいます」

下の絵のような物の移動は，日本語も他の言語も同じで，基本的には「あげる」「もらう」で表します。

(11a)(11b)は上の絵と同じ事実を表していますが，どちらが主語になるかがちがいます。(11b)の「にもらう」は「からもらう」と同じです。

(11a)　Xさん はYさんにマンガをあげました。

(11b)　Yさんは Xさん 【に／から】マンガをもらいました。

▶授受表現「くれます」

Q4.(12)の「あげます」はなぜ正しくないですか。

(12)「先生，宿題のプリントがたりません。もう1枚あげてもいいですか。」

(12)は「もう1枚くださいませんか(くれませんか)。」と言わなければなりません。なぜでしょうか。

物を受けるのが「私」の時，日本語では「くれます」を使わなければならないからです。上の(11a)の「Yさん」が「私」になった時「くれます」を使って(13)のようにしなければなりません。

(13)　Xさんは私にマンガを【×あげました／○くれました】。

「くれます」のような動詞は他の言語にはあまりないので注意が必要です。上の(12)も，主語は先生で，宿題のプリントを受けるのは私ですから，「くれます」を使わなければなりません。

「私に」以外でも，物を受ける人が，話し手の家族など「ウチ」の関係の人の時も「くれます」を使います。

(14)　Xさんは弟にマンガをくれました。

(☞「ウチ」の関係については，Chap.16，用語集を見てください)

では，なぜ日本語には「あげます」「もらいます」のほかに「くれます」があるのでしょうか。日本語では，他の人から物を受けとったり，親切にされたりした時，感謝の気持ちをことばに表そうとするからです。たとえば，(15) では荷物を送ったお母さんに感謝の気持ちは表せません。

(15)　??「ねえ，お母さん。頼んであった荷物送った？」

(15) で表せるのは，物の移動だけです。しかし，(16) のように「くれる」を使えば，感謝の気持ちが表せます。

(16)　「ねえ，お母さん。頼んであった荷物送ってくれた？」

Q5.「くれます」は「もらいます」とどうちがいますか。

「もらいます」も「くれます」もどちらも物を受けることを表しています。ちがう点は，何が主語かです。(17) のように「もらいます」の主語は物を受ける人です。

(17)　Bさんは Aさん にマンガをもらいました。

これに対して，「くれます」の主語は物を送る人です。

(18)　Aさんは 私 にマンガをくれました。

「もらいます」「くれます」は，(19) (20) のように動詞の後ろにつけて使うこともできます。感謝の気持ちが表せます。

(19)　A「どうしたんですか。何かいいことがあったんですか。」
　　　B「パソコンが壊れて困っていたんですが，ジョンさんに直してもらったんです。」

(20)　A「ああ，どうしよう。パソコンが壊れてしまいました。だれか直せる人がいないかなあ。」
　　　B「前にジョンさんが私のパソコンを直してくれたことがありましたよ。」

理解をチェックしましょう 4　　理解できたら，□に✔しましょう。

□ 授受表現「あげます」と「くれます」はどうちがいますか。
□ 授受表現「くれます」と「もらいます」はどうちがいますか。

3 分析してみましょう

身近にある教科書では,「強制」「許可」「丁寧な申し出」はどんな例文が出てきていますか。整理してみましょう。

〈強制〉 例 「部下に酒を飲ませました。」
〈許可〉 例 「娘が行きたいと言ったので,中国に留学に行かせました。」
〈丁寧な申し出〉 例 「授業を休ませてください。」

※身近にある教科書では,「あげます」「もらいます」「くれます」はどんな例文が出てきていますか。整理してみましょう。

4 文法プラスアルファ

Q4. 使役受身と使役はどうちがいますか。どんな場面で使いますか。

使役受身は,使役が受身になったものです。

▶使役受身形

Ⅰ類動詞 書きます	語幹 kak- ＋ -as-aremasu 書かされます
Ⅱ類動詞 食べます	語幹 tabe- ＋ -sase-raremasu 食べさせられます
Ⅲ類動詞 来ます します	来させられます させられます

使役受身はどんな場面で使いますか。

(21a) マイさんは社長にうそのレポートを書かされました。
(21b) 社長がマイさんにうそのレポートを書かせました。
(22a) 風邪を引いているのに,マイさんは先生に練習をさせられました。
(22b) 先生はマイさんに練習をさせました。

(21a) と (22a) が使役受身です。使役受身になるのは，(21b) (22b) のような強制の意味の使役だけです。使役受身は動作主（強制させられた人）から見た表現で，「いやだ，迷惑だ」という気持ちが表せます。

理解をチェックしましょう 5　　理解できたら，□に✔しましょう。

- □ 使役受身になるのは，強制と許可のどちらですか。
- □ 使役受身はどんな場面で使えますか。

5 授業で使えるアイデア

◉練習のアイデア

★お願いがあります A PDF ▶

目標

使役と授受表現を使って許可がとれる。

やり方

①クラスを「お願いグループ」と「許可グループ」に分ける。

②「お願いグループ」は「お願いボックス」からお願いカードを引き，「許可グループ」は「許可ボックス」から許可カードを引く。

③音楽が流れている間に「不動産屋さんですか？」「部下のキムさんですか？」と聞いて回り，ペアを探す。

④ペアが見つかったら，会話をする。

例 お願いカード

- あなたは会社員のキムです。来月，韓国に帰りたいので，休みを取りたいです。部長の田中さんに許可をもらってください。
- あなたは京都のお寺を見に来ました。庭がとてもきれいなので，写真を撮りたいです。お寺の人に許可をもらってください。

例 **許可カード**

- あなたはキムさんの上司の田中です。来月は，3日から10日まで，インドに出張します。キムさんにも一緒に来てもらうつもりです。
- あなたはお寺で働いています。とても古いお寺なので，お寺の中の写真は撮れません。庭の写真を撮ってもいいですが，フラッシュを使ってはいけません。

★困った時 B

目標

「てくれました」を使って、自分がしてもらったことが言える。

やり方

「私が困った時」というテーマで話します。どんな時困ったのかを話し，その時に「だれがなにをしてくれたか」を話します。書かせてもいいです。

例

さいふをなくして困りました。Aさんが警察に電話してくれました。Bさんがお金を貸してくれました。

※テーマの「私が」の部分を「友だちが」に変えると,「なにをしてあげたか」を話す（書く）練習ができます。

さ入れことば

「ただいまから会議を開かさせていただきます。」と言う人がいますが,「開かさせて」は正しくないです。111ページの使役形の作り方でも見ましたが,「させます」の形になるのは，Ⅱ類動詞とⅢ類動詞の時です。たとえば，Ⅱ類動詞「寝ます」の使役形は「寝させます」，Ⅲ類動詞「します」の使役形は「させます」です。これに対して，Ⅰ類動詞「開きます」の使役形は「開かせます」でなければなりません。しかし，Ⅱ類動詞とⅢ類動詞と同じように「さ」を入れて「開かさせます」とする人がいます。このように，Ⅰ類動詞の使役形に「さ」をつけて「させる」を使うことを「さ入れことば」と言います。正しい使い方ではありません。

提案したり勧めたりしてスムーズにコミュニケーションできます

条件

1 このことば　知っていますか　説明できますか

- □ 前件：ぜんけん
- □ 後件：こうけん
- □ 条件：じょうけん
- □ 事実：じじつ
- □ 意志：いし
- □ 依頼：いらい
- □ 希望：きぼう
- □ 命令：めいれい
- □ 仮定：かてい

2 場面から考えましょう

新幹線に乗ります。
京都から東京まで
2時間30分です。
バスに乗ります。8時間です。
どちらがいい？

新幹線にしようか，バスにしようか相談したかったのですね。こういう時は，「新幹線に乗ったら，東京まで2時間30分です。」，「バスなら東京まで8時間です。」と条件形を使えばよいです。他の例も見てみましょう。

A　11月になったら，雪が降ります。

B　あす，雨が降ったら，遠足は中止です。

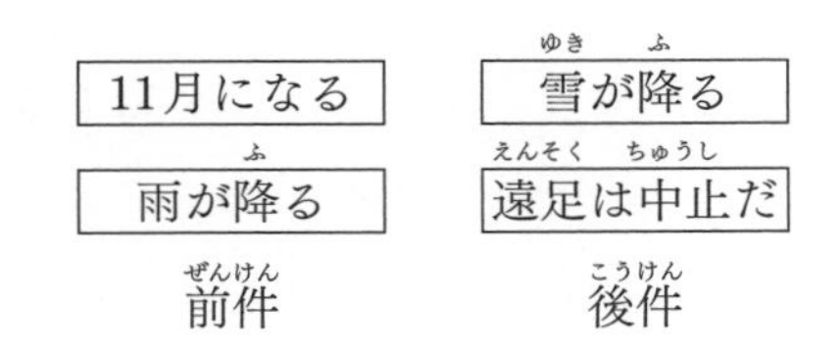

AもBも**前件**のことが起きることによって，**後件**のことが起きるという意味を表しています。ちがうのは，必ず前件が起きるかどうかということです。Aは必ず11月になることがわかっていますが，Bはあす，雨が降るかどうかはわかりません。

このようなAやBの文を「**条件**文」と言います。

ここでは，まず代表的な「たら」の使い方を考えます。「たら」を使うと，提案したり勧めたりすることがスムーズにできます。

Q1.「たら」はどんなものにつきますか。

▶「たら」の接続

品詞 ／例		肯定＋たら	否定＋たら
動詞	行きます	行ったら	行かなかったら
イ形容詞	忙しいです	忙しかったら	忙しくなかったら
ナ形容詞	元気です	元気だったら	元気じゃなかったら
名詞	休みです	休みだったら	休みじゃなかったら

(1) たくさん食べたら，太ります。
(2) 寒かったら，コートを着てください。
(3) 無理だったら，休んでもいいですよ。
(4) 雨だったら，山登りに行きません。

理解をチェックしましょう 1 理解できたら，□に✔しましょう。

□「たら」は何につきますか。

Q2.「たら」の後件にはどのようなものが使えますか。

▶たら＋後件

(5)　雨が降ったら，花が咲きます。(事実)

(6)　雨が降ったら，映画に行こう。(意志)

(7)　雨が降ったら，洗濯物を入れてください。(依頼)

(8)　雨が降ったら，迎えに来てほしい。(希望)

(9)　雨が降ったら，休め。(命令)

「たら」の後件は，**事実**，**意志**，**依頼**，**希望**，**命令**などすべてのものが使えます。

理解をチェックしましょう 2　　理解できたら，□に✓しましょう。

□ 後件にくるものによって,「たら」が使えないことがありますか。

Q3.「たら」はいつも使えますか。

▶「たら」が使えない時

条件形には4つの形がありますが，次の時以外は「たら」を使えばいいです。使い分けは難しいのですが，次の①②の「なら」の時以外は「『たら』を使う」と考えると簡単です。

①相手の話を受けて，主題になった名詞・ナ形容詞の後につける時。

(10)「東京まで行くんですが，何で行くのが便利ですか。」
　　「新幹線なら3時間ですよ。」

(11)「元気ですが，お金がありません。」
　　「元気なら，何でもできますよ。」

②前件に**仮定**が来て，後件に話し手の判断，命令，希望，意志などが来る時。

(12) スーパーへ行くなら，エコバッグを持って行ってください。

(13) 外国に行くなら，パスポートを取らなければなりません。

使い分けについて詳しく知りたい人は，文法プラスアルファを読んでください。

理解をチェックしましょう 3 　　理解できたら，□に✔しましょう。

□「たら」が使えないのはどんな時ですか。

3 文法プラスアルファ

「と」「ば」「なら」の活用と，後件の制限は次のようになります。

▶「と」「なら」「ば」の接続

と　V辞・V否　+と

なら　普　+なら（ただし，Na・Nだ、Na・Nである　+なら）

ば

品詞	肯定+ば	否定+ば
動詞（Ⅰ類動詞）	書けば	書かなければ
動詞（Ⅱ類動詞）	寝れば	寝なければ
動詞（Ⅲ類動詞）	来れば すれば	来なければ しなければ
イ形容詞	忙しければ	忙しくなければ
ナ形容詞・名詞	※	元気じゃなければ

※「元気ならば」という 普+なら の形になります。

前件の活用形では，ル形しか使えないのが「と」で，タ形しか使えないのは「たら」です。「なら」はル形もタ形も使うことができるので注意してください。

前件の活用以外に気をつけないといけないのは，後件に来る表現です。後件が(14)～(17)のように「事実」の時は，4形式のどれでも使えます。しかし，事実以外の時には注意が必要です。

(14)　春になると桜が咲く。

(15)　春になれば桜が咲く。

(16)　春になったら桜が咲く。

(17)　春になるなら桜が咲く。

注意

後件を「意志」などにすると，使えないものがあります。「と」と「ば」は，後件に意志や命令を付けることができません。

(18)　雨が降【ると／れば】寒くなる。(事実)

(19)　×雨が降【ると／れば】家にいよう。(意志)

(20)　ボタンを押【すと／せば】電気が消える。(事実)

(21)　×ボタンを押【すと／せば】電気を消せ。(命令)

理解をチェックしましょう　4　　理解できたら，□に✓しましょう。

□ 条件を表す形にはどんなものがありますか。

□「と・ば・たら」はどのような接続をしますか。

□ 意志・希望・命令・依頼が後件に来ないのは，どの形式ですか。

▶ 4つの条件形の意味

「と」は「前件のことが起きたあとで，後件のことが起きる」という事実を言う時に使うので，「もし」と一緒に使うことはできません。「いつもそうなる」という意味を表します。

(22a)　たくさん食べると眠くなる。

(22b)　×もしたくさん食べると眠くなる。

「ば」は後件のことを実現したい時に，前件で何をすればよいかを伝えるために使います。アドバイスに使うことが多いです。

(23)　合格したければ，毎日勉強するべきだ。

「ば」は「たら」と似ています。しかし，「ば」は後件に意志や命令の形は使えません。後件が事実で，話しことばの時は「たら」を使い，書きことばの時は「ば」を使うとよいでしょう。

Q3.で見たように，この中で，「なら」は他の表現とずいぶんちがいます。「名詞＋なら」の形で使われることが多く，(24) の例のように「は」と同じように主題の意味を表すことが多いです。

(24) アイスクリームならバニラです。

また，(25) のように，前件のことが起きる前に準備をするように言えるのは「なら」だけです。

(25) 旅行に行くなら，このかばんを使ってください。

(☞「は」については，Chap.09を見てください)

4 分析してみましょう

身近にある教科書ではどんな条件の例文が出てきていますか。それぞれ整理してみましょう。

〈たら〉 例 「雨が降ったら行きません。」

〈なら〉 例 「もみじなら，京都がいいです。」

〈と〉 例 「これを回すと音が大きくなります。」

〈ば〉 例 「説明書を読めば，使い方がわかります。」

5 授業で使えるアイデア

◉文法チェッククイズ

合う形に直してください。

①雨が（降ります→　　　　　　　　）ピクニックは中止です。

②今週が（無理です→　　　　　　　）来週にしたい。

③日曜日，天気が（いいです→　　　　　　　）出かけましょう。

④部屋が（広いです→　　　　　　　　）借りようと思います。

⑤車を（買います→　　　　　　　　　）イタリアの車がいいです。

◉練習のアイデア

★おすすめ紹介 A PDF

目標

「なら」を使って未来のことにアドバイスできる。

やり方

①教師は「食べるもの」「見るもの」「すること」と書いた表を用意します。
②学習者の出身地に行くというAが，Bにおすすめの場所や食べ物を聞きます。

例

A「タイ（学習者Bの出身地）に行きます。何を食べたらいいですか。」
B「タイに行くなら，パッタイという焼きそばを食べたらいいですよ。」
B「Aさんは辛い物が好きですか。好きなら，トムヤムクンを食べたらいいですよ。」

★悩み相談員 B PDF ▶

目標

「たら」を使って提案ができる。

やり方

①悩み事を学生が書きます。
②学生を，相談する人と相談に答える人のグループに分けます。
③相談に答える人の役の学生が解決策を提案します。相談する人は，納得できる解決策を聞くまで，いろいろな人に相談してください。
※クラスのレベルに合わせて身の回りの悩みから，社会的な悩みまでいろいろと作ることができます。

例1

A「最近太ってしまって，ズボンが入らなくて困っています。」
B「そうですか。運動したらどうですか。」

A「暑いから運動はしたくないです。」

例2

A「最近，外国人のこどもが多くて，小学校の先生がたいへんです。」

B「そうですか。やさしい日本語の授業をしたらどうですか。」

A「そうですね。やさしい日本語の授業はいいですね。だれに頼んだらいいでしょうか。」

p.125 文法チェッククイズの答え

①：降ったら，降れば，降ると　②：無理だったら，無理なら　③：よかったら，いいなら，よければ

④：広かったら，広いなら，広ければ　⑤：買うなら

丁寧に話してスムーズにコミュニケーションできます

敬語

1 このことば　知っていますか　説明できますか

- □ 美化語：びかご
- □ 敬意：けいい
- □ 丁寧語：ていねいご
- □ 尊敬語：そんけいご
- □ 謙譲語：けんじょうご
- □ 丁重語：ていちょうご
- □ ウチ：うち
- □ ソト：そと

2 場面から考えましょう

【先生たちの部屋の前で】

上の場面では，「山本先生，いる？」と言っても意味は通じます。しかし，一般的に，先生には敬意を表すために丁寧語「いますか。」を使わなければなりません。尊敬語で「いらっしゃいますか。」と言えば，もっと丁寧でスムーズなコミュニケーションができます。丁寧語・尊敬語は敬語の一種です。

敬語には，相手や聞いている人への敬意を表すものと，話題になっている人に敬意を表すものがあります。

相手や聞いている人への敬意を表すものには，「お・ご」，丁寧語「です・ます」，丁重語「もうします・おります」などがあります。

これに対して，話題になっている人に敬意を表すものには，尊敬語，謙譲語があります。

初めて会う人や目上の人に最低限必要な敬語は，「お・ご」，丁寧語「です・ます」で，これが一番簡単に敬意が表せる敬語です。

ここでは，「お・ご」，丁寧語「です・ます」，尊敬語について 勉強します。謙譲語，丁重語については，文法プラスアルファで示します。

Q1. 「お・ご」はどうちがいますか。

▶「お・ご」[6]

「お・ご」は聞いている人に美しい話し方だと思わせるために使うもので，「お」か「ご」を名詞や動詞，形容詞につけて表します。

お	お名前，お家，お仕事，お着物，お手紙，お忙しい…
ご	ご住所，ご協力，ご家族，ご研究，ご多忙，ご心配…

「お」と「ご」は意味は同じですが，使い方がちがいます。「お」は「お手紙」「お忙しい」など日本語の音で発音することば（和語）につけます。これに対して，「ご」は「ご住所」など中国語の音に近い発音のことば（漢語）につけます。ただし，「時間」「電話」「食事」「留守」「元気」は漢語ですが，例外で，「お」をつけて「お時間」「お電話」「お食事」「お留守」「お元気」となります。

Q2. ちがいはなんですか。

(1a) 一緒に昼ごはんを食べる？

(1b) 一緒に昼ごはんを食べますか。

(1a) は友だちや親しい人に使います。一方，(1b) は聞き手への**敬意**を表す**丁寧語**です。「です・ます」が代表的な形です。

（☞丁寧体については，Chap.02 を見てください）

❖6 美化語

Q3. 親しい先生に話す時，丁寧語は必要ありませんね？

(2) 学生「この会はにぎやかだよね？　先生も会員だよね？
一緒に行く？　遠いけど。」

親しい先生に話す時にも丁寧語は必要です。

丁寧語は，相手や聞いている人のために使うもので，初めて会う人や目上の人，フォーマルな場面で使うと，きれいな話し方をする人だという印象を与えることができます。友だちは親しくなったら，だんだん丁寧語を使わなくなります。しかし，先生は親しくなっても，丁寧語「です・ます」で話さなければなりません。丁寧語は「です・ます」で表します。名詞（「会員」など），イ形容詞（「遠い」など），ナ形容詞（「にぎやかだ」など）には「です」を使いますが，動詞（「行く」など）には「ます」を使います。たとえば，(2) は (3) のようになります。

(3) この会はにぎやかですよね？ 先生も会員ですよね？ 一緒に行きますか。
遠いですけれど。

理解をチェックしましょう　1　　理解できたら，□に✓しましょう。

- □ 敬語にはどんなものがありますか。一番簡単に敬意が表せる敬語はどれですか。
- □「お」と「ご」はどうちがいますか。
- □ 丁寧語はどんな形で表しますか。

Q4. どうちがいますか。

(4a) （社長に）ここで新聞をお読みになりますか。

(4b) （同僚に）社長ってここで新聞をお読みになる？

(4a) も (4b) も丁寧ですが，(4a) は尊敬語のほかに丁寧語「ます」を使っています。丁寧語「です・ます」を使えば，相手や聞いている人への敬意は表すことができます。しかし，話題になっている人が社長など目上の人の場合は，敬意は**尊敬語**で表さなければなりません。

これに対して，(4b) は，尊敬語「お読みになる」だけです。親しい相手（同僚）への敬意は表していません。

尊敬語は初級で使えるようにならなければならない敬語ではありませんが，聞いて意味がわかるようになると便利です。

Q5. 尊敬語は丁寧語とどうちがいますか。

尊敬語は，話題になっている人（社長や校長など）がすることに敬意を表すものです。

丁寧語は相手や聞いている人への敬意を表すものですが，尊敬語は，話題になっている人に敬意を表すものです。

尊敬語は，下のA)～C）のように3種類あります。A）がもっとも高い敬意を表すので，社長や校長先生などに使います。C）は親しい先輩や同僚など敬意をあまり表す必要がない相手に使います。B）はA）とC）の中間です。

A）動詞を特別な形にかえる（例　食べる→召しあがる）☞p.137

B)「お」か「ご」＋動詞のマス形語幹＋になる（例　食べる→お食べになる，紹介する→ご紹介になる）

C）動詞に「られる」か「れる」をつける（例　食べる→食べられる）

尊敬語は，自分やモノなどのことを話す場合は使ってはいけませんが，丁寧語「ます」は使えます。(5) で先生は自分のしたこと「食べる」について話しているので，尊敬語は使えませんが，丁寧語「ました」は使えます。

(5)　学生「先生，今朝何を食べられましたか。」
　　先生「えーと，パンを【×食べられました／○食べました】。」

尊敬語は (6) のような電車の動きには使ってはいけません。しかし，丁寧語「ました」は使えます。

(6)　(駅で) あ，電車が【×いらっしゃいました／○来ました】。先生はどこまでいらっしゃいますか。

理解をチェックしましょう 2 理解できたら，□に✔しましょう。

□「お読みになります」と「お読みになる」は，どうちがいますか。
□ 尊敬語と丁寧語は一緒に使ってもいいですか。どんな時一緒に使いますか。

3 授業で使えるアイデア

★手紙を書きかえてみよう A PDF

目標

相手に合わせて敬語を使うことができる。

やり方

①お世話になっている友達に手紙を書きます。
②その手紙を「お世話になっている先生に送る手紙」に書きかえます。
③ペアで交換してチェックします。

★日本人にインタビューしよう！ B

目標

①敬語を使ってインタビューできる。
②場面にあった話し方ができる。

やり方

①ペアまたはグループにわかれて，インタビューする内容を考えさせます。
②決定したテーマで質問を5つくらい考えさせます。
③インタビューで使う表現をクラスで導入し，練習します。
④敬語を使って校内または町にいる日本人にインタビューをします。
※あとで教師がフィードバックできるようにインタビューしている様子をスマホなどで動画で撮らせるといいです。
⑤インタビューで分かった内容をクラスで発表します。

※発表で使う表現をクラスで導入し，練習するといいです。

※パワーポイントでデータをまとめて発表させてもいいでしょう。

⑥インタビューで撮った動画を動画サイトなどでクラス内だけで共有し，他のグループまたはペアのインタビューシーンとも比較させながら振り返りをします。

※動画は必ずクラス内の限定的な公開で確認するようにしてください。

4 文法プラスアルファ

謙譲語や丁重語は初級で使えるようにならなければならない敬語ではありませんが，聞いて意味がわかるようになると便利です。

▶謙譲語

謙譲語は，自分の動きを表す動詞を特別な形にかえて自分を低くすることで，間接的に話題になっている社長や校長などを高く持ちあげて敬意を表すものです。謙譲語には，下のA）B）があります。A）は，社長や校長など敬意を強く表したい時に使います。

A）動詞を特別な形にかえる（例　食べる→いただく）☞p.137

B）「お」か「ご」＋動詞のマス形語幹＋する／いたす（例　読む→お読みする，紹介する→ご紹介する）

謙譲語は自分の動きが目上の敬意を表す人に関係している時に使います。(7)では，自分の動き「送ります」が社長に関係があるので，謙譲語「お送りします」を使って，社長への敬意を表します。

(7)　社員「社長，私が駅までお送りします。」
　　社長「ありがとう。」

これに対して，(8)では，社長に敬意を表す必要がないコンテクストなので，謙譲語「お送りします」を使う必要はありません。

(8)　妻「今日は遅かったね。」
　　夫「社長を駅まで【○送った／?? お送りした】から，遅くなってしまった。」

Q6. どうちがいますか。

(9)　社長，ここで新聞をお読みになりますか。

(10)　社長「この書類，字が小さくて読めないなあ。」
　　　社員「あ，代わりにお読みしましょうか。」

(9) の「お読みになります」は尊敬語で，(10) の「お読みします」は謙譲語です。(9) は社長の動きを尊敬語にして，社長への敬意を表しています。これに対して，(10) は，自分の動きを謙譲語にして，社長への敬意を表しています。

Q7. 先生や社長など敬意を表す人がいる場面では，自分がしたことにはいつも謙譲語を使わなければなりませんか。

話している相手が社長でも，謙譲語が必要ないことがあります。たとえば，(11) で「私」が食べたカレーは社長が作ったものではないので，謙譲語は必要ありません。

(11)　社長「最近，食堂のカレー食べた？味が変わっておいしくなったね。」
　　　私　「はい，食べました。おいしくなりましたよね。」

これに対して，(12) では「私」が食べたクッキーは社長の奥さんが作ったものなので，謙譲語が必要です。

(12)　社長「うちの妻が作ったクッキー，よかったら食べてね。」
　　　私　「ありがとうございます。さきほどいただきました。おいしかったです。」

注意

会社などビジネス場面で使う敬語にはどんな注意が必要ですか。他の会社の人に自分の上司のことを話す場面では，ＡＢどちらが正しいですか。

Ａ 「社長の田中さんはすぐここにいらっしゃいます。」

Ｂ 「田中はすぐここに参ります。」

Ｂが正しいです。「田中さんは社長だから，尊敬語を使うＡが正しい」と思いがちです。しかし，会社などビジネス場面では，目上の人でも同じ会社ならば社長は**ウチ**の人です。社長は「さん」をつけないで「田中」だけで表し，その動きも謙譲語にして，**ソト**の会社の人に敬意を表します。

理解をチェックしましょう 3 理解できたら，□に✔しましょう。

□ 謙譲語はどう使いますか。どんな種類がありますか。

□「お読みになります」と「お読みします」は，どうちがいますか。

Q8.（13）（14）の「おります」「参ります」は謙譲語ですか。

（13） 私は今，家におります。

（14） 先日，仕事で大阪に参りました。

いいえ，謙譲語ではありません。謙譲語の「おります」「参ります」と同じ形ですが，（13）（14）のコンテクストでは丁重語です。

▶丁重語

丁重語の形は謙譲語と同じですが，使い方がちがいます。謙譲語は，敬意を表す人に関係がある話の時に使います。たとえば，(15) の学生は，自分の動き「行きます」が先生に関係があるので，謙譲語「参ります」を使って先生への敬意を表します。

(15)　先生，あしたは先生のお宅に電車で参ります。

これに対して，(14) では，自分の動き「行きました」は敬意を表す人に関係ないので，謙譲語は使いません。(14) の「参りました」は丁重語で，聞いている人への敬意を表しています。

理解をチェックしましょう　4　　理解できたら，□に✓しましょう。

□ 謙譲語は，丁重語とどうちがいますか。

ちょっと小噺

させていただく

不自然な「させていただく」はどれでしょうか。

A 「先生，午後の授業を休ませていただけませんか。」

B 「足がいたいので，座って話させていただきますね。」

C （店の前の紙）今日は都合でお店を休ませていただきます。

D くじに当たった方にこの本をプレゼントさせていただきます。

「させていただく」は，AとBのように相手に許可を求める場面で使うものです。しかし，CとDのように相手に許可を求める必要がない場面でも丁寧にするために「させていただく」をつける人がいます。相手に許可を求める必要がない場面で使うC，Dのような「させていただく」はあまりよくない使い方だと思う日本人もいます。

▶敬語の特別な形

敬語の特別な形については，下の表を見てください。

丁寧語	尊敬語	謙譲語	丁重語
行きます	いらっしゃいます おいでになります	伺います 参ります	参ります
来ます			
います		おります	おります
食べます 飲みます	召しあがります	いただきます	いただきます
（話を）聞きます	お聞きになります	伺います	
言います	おっしゃいます	申します，申しあげます	申します
見ます	ご覧になります	拝見します	
します	なさいます	いたします	いたします
あります			ございます
着ます	お召しになります		
知っています	ご存じです	存じて｛います，おります｝ 存じあげて｛います，おります｝	存じて｛います，おります｝
あげます		さしあげます	
もらいます		いただきます	
くれます	くださいます		
寝ます	お休みになります		休みます
死にます	お亡くなりになります		亡くなります

5 分析してみましょう

身近にある教科書ではどんな敬語が出てきていますか。

〈尊敬語〉 例 お読みになります

〈謙譲語〉 例 お読みします

〈丁重語〉 例 おります

ちょっと小噺

相手に想像させてコミュニケーションをスムーズにする「んです（のだ）」

「んです（のだ）」を使うと，やわらかいニュアンスで説明している感じがします。なぜでしょうか。(1)のような場面で考えてみましょう。a.とb.のどちらが正しいですか。

(1)　（パーティで）先生「ぜんぜん食べていませんね。」
　　　　　　　　　学生「おなかがいたい {a.からです／b.んです}。」

b.が正しいです。パーティと「ぜんぜん食べない場面」は普通は直接的に結びつきません。このように何かギャップがある場面で,「んです（のだ）」を使えば，省略されている部分を場面と結びつけて相手に想像させられます。ここでは,「①パーティに参加する人は普通は料理を食べるものだとわかっています。」「②いつもは食べるけれど、今日は食べられません。」「③食べられないのは，おなかがいたいからです。」の①②が省略されていて，それを相手に想像させています。やわらかいニュアンスになるのはこのためです。a.のように直接的に理由を表す「からです」は不自然です。(2)の「んです」も相手に想像させているわけではないので，不自然です。

(2)　先生「テストはどうでしたか。」
　　　学生「??難しかったんです。」

「んです（のだ）」は，省略されていることを相手に想像させる機能をもつので，(3)の「どこ」など疑問詞と一緒に使うことが多いです。(3)では,「①切符を買ってどこかに行きたいことはわかります。」「②切符の買い方がわからないようですね。」「③あなたがどこへ行くかわからないので質問します。」「④買い方を教えてあげたいです。」という説明のうち，省略されている部分①②④を相手に想像させてコミュニケーションをスムーズにしています。

(3)　（駅の切符売り場で切符が買えなくて困っている外国人に向かって）
　　　「どこへ行くんですか。」

解説・概説

文法の大切さ

「文法」なんか勉強しなくてもいいです。
赤ちゃんは習わないけど使えるでしょ？
使っているうちに覚えます。

たまに，このように言う人がいます。たしかに，母語の場合は，こどもは自然にことばを覚えます。赤ちゃんは数年の間に自分で文法規則を発見して話せるようになっていきます。でも，これは赤ちゃんと同じようにたくさんことばを聞く機会があれば，という条件のときだけです。自分が母語を身につけたようにまちがいながら自分の文法規則を作っていくことはたくさんの時間とインプットが必要です。赤ちゃんだったらいいですが，大人はそんなに時間を使うことができません。

文法を考えなくても，ある程度は外国語の言い方を覚えることができます。でもそれはレストランで注文したり，タクシーに行き先を言ったりすることぐらいです。旅行ぐらいならそれでいいですね。

でも，複雑なことを伝えていこうとすると，自分で文を組み立てる方法を知っていなければなりません。文を組み立てる方法が「文法」なんです。

たとえば，日本語ならば格助詞は文の組み立てにとても大切で，格助詞がないと伝わりません。

「私　リンゴ　ほしいです」ぐらいの単純な文なら助詞や文法項目がなくても問題はないでしょうが,「私　今　ベンさん　リンゴ　買います　山田さん　食べます」という文から意味を類推するのは難しいのではないでしょうか。「今，私はベンさんが買ってくれたリンゴを山田さんと食べています。」と言いたかったんですけれども。

誰が何を言ったのか，だれがどのような動作をしたのかを伝えるためには助詞（～は，～が，～を，～と）や動詞の活用形（「買って」などのテ形,「食べている」などのテイル形）「くれる」などの授受動詞の知識などが必要です。

ただ，必要のない文法事項というのもあるかもしれません。たとえば，条件形を表すのに，日本語では「と・ば・たら・なら」の4形式を日本語母語話者は使っています。基本的な文法だけを知りたい非母語話者はこの使い分けを覚える必要はないでしょう。この本では，基本的な文法事項だけをなるべく選んで示すようにしました。

また，「コミュニケーションが大切で，文法は大切ではない。」という言い方をする人もときどきいます。でも，ほんとうにそうでしょうか。よく例に挙げられることを観察してみましょう。英語を勉強するときのことを考えてみます。

たとえば，文法を中心にした授業を受けた場合，「命令文」を習います。命令文のときは，「主語を省略し，動詞を前に出す。丁寧に言いたいときは「please」を前か後ろにつけるとよい。」と習ったと思います。それによると「水をください。」と丁寧に頼むには，「Please give me some water.」と言えばよいことになります。しかし，あるとき英語母語話者が「May I have some water?」という言い方をしているのに気づき，「教室で習った英語は通用しないじゃないか」などと感じることがあります。このように現実場面で使われる文と文法中心の授業で習った文では，使い方がちがう場合があります。「文法的には正しいけれど，相手によっては正しくない。」ということです。

たとえば日本語でも，「ええ」という返事を習いますが，日本語母語話者で「はい」の代わりに「ええ」を使う高校生以下ぐらいの若い人はほとんどいないのではないでしょうか。一定の年齢以上の人で，少しフォーマルな場面でなら使うでしょう。

このように相手や場面によって話し方を変えるかどうか判断する力を「社会言語的能力」と言います。コミュニケーションにはこの「社会言語的能力」と「文法的能力」の両方が必要です。どちらが欠けてもコミュニケーションはできません。

コミュニケーション重視の教育では，機能を大切に文法形式にさほどこだわらないという発想で授業が進められることが多く，文法重視の教育では，最小限の文法を有効活用するという発想で授業が進められることが多いと思います。これが「May I have some water?」を最初から教えるか，「Please give me some water.」を最初に教えて段階的に他の表現を教えていくかというちがいになっているのです。

英文法（学校英文法）と日本語教育文法
―英文法を手がかりに日本語教育文法を理解しようとする人のために―

ここでは，英文法で覚えた文法用語で日本語教育文法に利用できそうなものについて，考えていきましょう。

まず品詞の名前を見ていきましょう。そのあとで，英文法で日本語教育文法に利用できる用語を紹介します。ただし，扱う内容は，本書で扱っている文法カテゴリーに限ります。

▶品詞の名前

動詞，名詞，形容詞，副詞，接続詞は同じ品詞の名前を使っています。

英文法と日本語教育文法でちがう名前を使っているものを，表1にまとめました。

「前置詞」は英文法にはありますが，日本語教育文法にはありません。また，日本語教育文法にはあるのに英文法にはないものとして「助詞」(「格助詞」「終助詞」「とりたて助詞」）があります。助詞の中の「格助詞」は英語の「前置詞」と役割が似ています。次の文の「へ」と「to」のようなものです。

格助詞の例）パリへ行きます。
前置詞の例）I go to Paris.

しかし，文の中での位置がちがいます。英語は名詞（ここではParis）の前に「前置詞」が来ますが，日本語は名詞（ここではパリ）の後に「格助詞」が来ます。

主語を表すものとして同じように考えられがちな「が」と「は」も日本語教育では区別して，別のカテゴリーの助詞として区別します。「が」は「格助詞」ですが，「は」は「とりたて助詞」としています。

表1　英文法と日本語教育文法の用語のちがい

<table>
<tr><th>語例</th><th>英文法</th><th colspan="2">日本語教育文法</th></tr>
<tr><td>on・at・in・for・behind</td><td>前置詞</td><td colspan="2">――</td></tr>
<tr><td>が・を・に・で</td><td>――</td><td rowspan="3">助詞</td><td>格助詞</td></tr>
<tr><td>よ・ね・わ</td><td>――</td><td>終助詞</td></tr>
<tr><td>は・も・しか・さえ</td><td>――</td><td>とりたて助詞</td></tr>
<tr><td>Oh!・ああ</td><td>間投詞</td><td colspan="2">感動詞</td></tr>
<tr><td>I・you・me・they・it・それ</td><td>代名詞</td><td colspan="2">名詞</td></tr>
</table>

▣注意

英語の形容詞・副詞がそのまま日本語の形容詞・副詞に対応しているわけではありません。たとえば，英語の「We are happy.」は日本語の「私たちは楽しい。」「私たちは幸せだ。」と訳すならそれぞれイ形容詞，ナ形容詞となります。しかし，英語の「We sings happily.」は副詞です。それを日本語に訳した「私たちは楽しく歌います。」は日本語教育文法ではイ形容詞になります。

また，英語では，形容詞・動詞・副詞を修飾するのは副詞だけです。日本語では形容詞が「連用形」になることで動詞を修飾することができます。形容詞が副詞的に活用するというわけです。

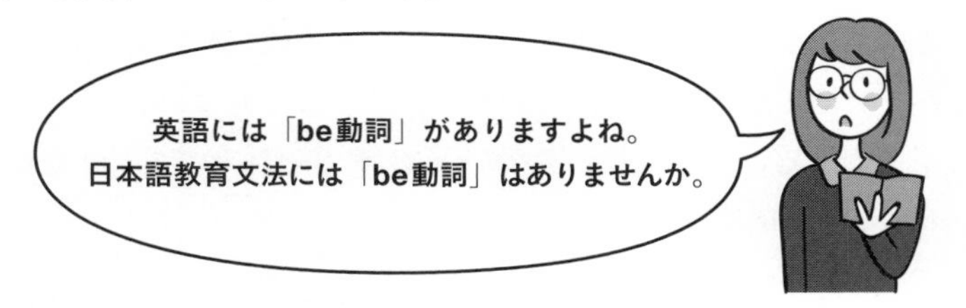

日本語教育文法にはbe動詞はありません。英語では，述語になれるのは動詞だけです。そのため，たとえば「私は日本人です。」という文は「I am Japanese.」

と,「am」というbe動詞を付けて，文を成立させる必要があります。しかし，日本語教育文法では，動詞だけではなく,「私は日本人です。」「私は背が高いです。」などのように名詞・形容詞も述語になることができますし,「私は日本人。」のように名詞だけでも述語になることができます。be動詞は「〜です」に置き換えられるわけではないのです。

▶日本語教育文法に利用できる英文法の用語

英文法で一般的に使われる文法用語の中で，そのままほぼ同じ文法カテゴリーを表すと考えていいのは，次の4つのものです。

①肯定・否定　②自動詞・他動詞

③受身（受動態）④使役（使役態）

上記のもの以外で，日本語教育文法の文法概念を理解するのに役立つ，似た文法用語の対応を表2にまとめました。参考にしてください。

英文法では格助詞の代わりに「前置詞」が多くの役割を担っています。それ以外に英語のように語順で主語や目的語が決定する言語は，語順にも主格の「が」や目的格の「を」などの役割があります。また，he（彼が), his（彼の), him（彼に）などのように人称が格変化を起こすことも同様です。

英文法では，時間を表す表現を「テンス」と「アスペクト」にわけないことが多いようですが，表2のように，完了や進行に関わるものは「アスペクト」に分類できます。

「名詞修飾」では「京都に住んでいる人たち」のように名詞を修飾する節は「関係詞」に,「何もしないのは〜」「何もしないことは〜」のように「の・こと」の名詞節になるのは動名詞に似ています。

可能の意味を表す「〜（ら）れる」などは日本語教育文法では「活用」と考えることが多いですが，英語では「助動詞」に分類されています。

気持ちを表す表現の「〜と思います」「〜はずです」「〜だろう」「〜なければならない」などの判断や義務を表す表現も英文法ではshould，must，willなど「助動詞」とされることが多いです。

とりたて助詞の「は」，格助詞の「が」は対応する文法形式はありませんが，英語の「主題と主語」のちがいを考えてみるとわかりやすいと思います。これ

表2　日本語教育文法に利用できる英文法の用語

日本語教育文法	英文法
格助詞	語順によって文の中の関係が示されること **I** give Tom a book.　**私が**　トムに　本を　あげる。 前置詞 at/ through/ in/ on/ of など 人称の格変化 **I** love you.　You love **me**.
テンス	時制（現在・過去・未来） I went to Tokyo yesterday./　I will go there.
名詞修飾 「Vの」「Vこと」など	関係詞 I know a lot of people who live in Kyoto. 動名詞 Doing nothing is being lazy. to不定詞 I want something to drink.
時を表す表現	時を表す前置詞 on/ at / in / after /within /until /by/ before/ since/ from/ for / during/ through など
可能	助動詞 I can swim. Tom isn't able to walk because of his sore feet.
気持ちを表す表現	助動詞 You must have been asleep. I should think so.
は・が	主題・主語 These bags, Tom has them.
理由を表す表現	因果関係を表す接続副詞 so/ therefore/ consequently など 原因・理由を表す前置詞 from/ of/ for/ because of/ over など 非制限用法の連結用法 The milk, which was near the window, turned sour. 分詞構文 Knowing that this is true.
アスペクト	完了形（現在・過去・未来完了） The plane had already taken off. 進行形（現在・過去・未来進行形） The dog is running on the garden. be動詞＋過去分詞 The pot was broken.
条件	条件を表す接続詞 If/ unless など There will be a serious water shortage unless we get rain soon. 条件文・仮定法 If Tom should call me, tell him he can come.

以外にも，たとえば「There is a dog in the box.（犬は箱の中にいます）」と「The dog is in the box.（犬が箱の中にいます）」などの使い分けや，定冠詞と不定冠詞のちがいを「は」と「が」の使い分けのちがいに対応させて考えることができます。

国語文法と日本語教育文法
―国語文法（学校文法）で日本語の文法を学んだ人のために―

日本の中学校で教える国語の文法と，日本語教育で使う日本語教育文法は少しちがいます。ここでは，品詞の考え方と，活用の考え方に絞って見ていきます。

▶品詞

国語文法と日本語教育文法で品詞の名前が同じものを表3にまとめました。

表3　品詞の名前が同じもの

語例	国語文法・日本語教育文法　共通
食べる・走る・喧嘩する・いる	動詞
机・花・犬・教科書	名詞
ぜんぜん・きっと・ガタガタ・ゆっくり・とても	副詞
そして・だから・でも	接続詞
ああ・おはよう	感動詞
が・を・に・で	格助詞
よ・ね・わ	終助詞

次に，ちがうものを見ていきましょう。最も大きくちがうのは，「助動詞」を日本語教育では1つの品詞として扱わないところです。それ以外では，意味に大きな差はなく，名称がちがうだけです。

表4のように，国語文法では丁寧を表す助動詞の「ます」や受身を表す助動詞の「られる」だったものは，日本語教育では活用形となっています。また，

「だ・である」などの断定を表す助動詞は「判定詞」になっていて,「ようだ・そうだ」などは文型として扱われています。

表4　品詞の名前にちがいがあるもの

語例	国語文法	日本語教育文法
広い・赤い・涼しい	形容詞	イ形容詞
きれいな・元気な・静かな	形容動詞	ナ形容詞
大きな（家）・そんな（こと）・ひょんな（こと）	連体詞	△ナ形容詞の変異（一部分だけ活用する）と考えることが多い
は・も・さえ・しか	副助詞	とりたて助詞
丁寧：「ます」 受身：「られる」 断定：「だ・である」 推量：「ようだ・そうだ」	助動詞	×（品詞としない） 「ます・られる」：活用形 「だ・です」：判定詞 「ようだ・そうだ」：文型

▶活用

国語文法は，日本語を話す人が，古典文学を読むために作られました。そして，それを現代語にあてはめたものですから，外国人に日本語を教えるという目的に合っていません。

表5　国語文法の活用表（動詞）

	五段動詞	一段動詞	カ変	サ変
未然形	書かない／書こう	食べない／食べよう	来ない／来よう	する／しよう
連用形	書きます／書いた	食べます／食べた	来ます／来た	します／した
終止形	書く	食べる	来る	する
連体形	書く（＋N）	食べる（＋N）	来る（＋N）	する（＋N）
仮定形	書けば	食べれば	来れば	すれば
命令形	書け	食べろ	来い	しろ

そのため，例えば，次のような点を疑問に思う人も多いのではないでしょうか。

未然形に「書かない」「書こう」という2つの形が入っているのは，古典文法の未然形の語尾が「〜ず・〜む」だったからです。文法では「書かず／書かむ」と同じ形をしていましたが，現代語では「書かない」「書こう」という別の形に変化しているのに，そのままの枠組みを使い続けているためにこうなりました。連用形も同じです。

また，国語文法では,「未然」や「連体」など名称がわかりにくいという問題もありました。例えば,「未然」とは「まだ起きていないこと」という意味です。このようなことばは日本語教育文法では使っていません。

最後に「食べて」や「食べたら」などの現代日本語で通常よく使われている形が活用表にないという問題もありました。「食べて」や「食べたら」「食べられる」などの活用形を教えられるように活用表を書き直す必要がありました。表4の白い部分は新しく付け加えられた活用形です。

これらの問題を解決するために，日本語教育文法の活用表は，表6のようになっています。

▣注意

活用表には「普通形」という形はありません。しかし，よく「普通形」ということばが教科書にもでてきます。Chap.02を見てください。

表6　日本語教育文法の活用表（動詞）

	Ⅰ類 kak-	Ⅱ類 tabe-	Ⅲ類	
ナイ形	書かない	食べない	来ない	する
マス形	書きます	食べます	来ます	します
辞書形	書く	食べる	来る	する
連体形	書く（＋N）	食べる（＋N）	来る（＋N）	する（＋N）
バ形	書けば	食べれば	来れば	すれば
命令形	書け	食べろ	来い	しろ
意向形	書こう	食べよう	来よう	しよう
タ形	書いた	食べた	来た	した
中止形	書き	食べ	来（き）	し
テ形	書いて	食べて	来て	して
タラ形	書いたら	食べたら	来たら	したら
タリ形	書いたり	食べたり	来たり	したり
受身形	書かれる	食べられる	来られる	される
使役形	書かせる	食べさせる	来させる	させる
可能形	書ける	食べられる	来られる	できる

※灰色の部分は国語文法の活用表にあるもの

▶活用の種類

国語文法では，活用の種類は，五段活用・上一段活用・下一段活用・カ行変格活用・サ行変格活用の5種類です。

日本語教育文法では，五段活用・一段活用・変格活用の3種類に分けてそれぞれⅠ類（グループ）・Ⅱ類（グループ）・Ⅲ類（グループ）と呼ぶことが多いです。

表7　活用の種類の対比

国語文法	五段	上一段	下一段	カ変	サ変
日本語教育文法	Ⅰ類（子音語幹）	Ⅱ類（母音語幹）		Ⅲ類（不規則）	

これは日本語の古典文法で動詞の活用の種類が9種類（現在のものに加えて，上二段，下二段，ナ変，ラ変がありましたし，五段活用は四段活用でした）にわけられていたことが原因です。古典語では活用のしかたがちがっていたので，これらの種類を区別する必要がありました。

しかし，日本語教育では，古典語と現代語の関係を考えなくてもよいため，もっと単純な分類になりました。

I類の動詞は，「書き（kak-i）ます　書か（kak-anai）ない」などの「kak」が変化しない部分（語幹）です。語幹が子音（a・i・u・e・o以外の音）で終わります。I類の動詞には，例外的なルールがあります。たとえば，テ形やタ形のときにI類の動詞だけに，音の変化（＝音便）が起きます。II類やIII類の動詞にはこのような音の変化は起きません。

（1）書きます→書いて，飛びます→飛んで，走ります→走って

それと同じように，可能形の活用でも，II類動詞は「可能・受身・尊敬」の形が同じですが，I類動詞は，「可能」の形だけが他の受身・尊敬の形とちがいます。例えばII類は，こうなります。

（2）先生はどこで降りられますか。（尊敬）

（3）こんなところで降りられたら困ります。（受身）

（4）ここで降りられますか。（可能）

それに対して，I類はこうなります。

（5）先生は本を書かれます。（尊敬）

（6）ここで書かれたら困ります。（受身）

（7）アラビア語が書けます。（可能）

II類の動詞は，「見ます（mi-masu）見ない（mi-nai）」「食べます（tabe-masu）食べない（tabe-nai）」のように母音までが，「変化しない部分（語幹）」です。語幹の音がイの音でも，エの音でも，日本語教育では上一段と下一段を区別せずに，II類動詞とします。

参考文献

荒川洋平（2016）『日本語教育のスタートライン』東京：スリーエーネットワーク．
庵功雄・高梨信乃・中西久実子・山田敏弘（2000）『初級を教える人のための日本語文法ハンドブック』東京：スリーエーネットワーク．
庵功雄・高梨信乃・中西久実子・山田敏弘（2001）『中上級を教える人のための日本語文法ハンドブック』東京：スリーエーネットワーク．
庵功雄・日高水穂・前田直子・山田敏弘・大和シゲミ（2017）『やさしい日本語のしくみ』東京：くろしお出版．
庵功雄（2017）『一歩進んだ日本語文法の教え方１』東京：くろしお出版．
市川保子（1997）『日本語誤用例文小辞典』東京：凡人社．
市川保子（2005）『初級日本語文法と教え方のポイント』東京：スリーエーネットワーク．
市川保子（2007）『中級日本語文法と教え方のポイント』東京：スリーエーネットワーク．
今井新悟（2018）『いちばんやさしい日本語教育入門』東京：アスク．
奥村三菜子・櫻井直子・鈴木裕子（編）（2016）『日本語教師のためのCEFR』東京：くろしお出版．
グループジャマシイ（1998）『日本語文型辞典』東京：くろしお出版．
三枝令子・中西久実子（2003）『話し手の気持ちを表す表現―モダリティ・終助詞―』東京：スリーエーネットワーク．
菅井三実（2012）『英語を通して学ぶ日本語のツボ』東京：開拓社．
鈴木重幸（1972）『日本語文法・形態論』東京：むぎ書房．
高橋太郎ほか（2005）『日本語の文法』東京：ひつじ書房．
寺村秀夫（1982）『日本語のシンタクスと意味Ⅰ』東京：くろしお出版．
寺村秀夫（1984）『日本語のシンタクスと意味Ⅱ』東京：くろしお出版．
寺村秀夫（1991）『日本語のシンタクスと意味Ⅲ』東京：くろしお出版．
友松悦子・和栗雅子・宮本淳（2010）『どんなときどう使う日本語表現文型辞典』東京：アルク．
日本語記述文法研究会（2003）『現代日本語文法４　第8部　モダリティ』東京：くろしお出版．
日本語記述文法研究会（2007）『現代日本語文法3　第5部　アスペクト・第６部　テンス・第７部　肯否』東京：くろしお出版．
日本語記述文法研究会（2008）『現代日本語文法６　第11部　複文』東京：くろしお出版．
日本語記述文法研究会（2009）『現代日本語文法２　第３部　格と構文・第４部　ヴォイス』東京：くろしお出版．
日本語記述文法研究会（2009）『現代日本語文法5　第9部　とりたて・第10部　主題』東京：くろしお出版．
日本語記述文法研究会（2010）『現代日本語文法1　第1部　総論・第2部　形態論・総索引』東京：くろしお出版．
日本語教育学会（編）（2005）『新版　日本語教育辞典』東京：大修館書店．
日本語文法学会（編）（2014）『日本語文法辞典』東京：大修館書店．
野田尚史（編）（2012）『日本語教育のためのコミュニケーション研究』東京：くろしお出版．
原沢伊都夫（2010）『考えて、解いて、学ぶ日本語教育の文法』東京：スリーエーネットワーク．
牧野成一・筒井道雄（1989）『A Dictionary of Basic Japanese Grammar（日本語基本文法辞典）』東京：ジャパンタイムズ．
益岡隆志・田窪行則（1992）『基礎日本語文法―改訂版―』東京：くろしお出版．
森山卓郎（2009）『国語からはじめる外国語活動』東京：慶應義塾大学出版会．

あとがき

本書は，京都外国語大学大学院異言語・文化専攻，実践言語教育コースの2018年度授業科目「日本語教育研究IV–1」で，ノンネイティブの日本語教員のための文法教材について受講者たちと考えたことがきっかけで生まれました。

日本語教員のための書籍は，2010年以降飛躍的な進歩を遂げており，日本語教員のための文法書や活動集などが数多く出版されています。しかし，文法に関する書籍の多くは内容が専門的で，ネイティブでも経験がない大学生などには内容が難解すぎることがあります。また，近年ノンネイティブの日本語教員が，タイ，ベトナムやフィリピン，ミャンマーなど東南アジアで増えてきており，平易な日本語の日本語教育の指導書が求められていました。

そこで，やさしい日本語でだれでも負担を感じずに読める日本語教員のためのガイドブックを，国内外のネイティブ・ノンネイティブの日本語教員と日本語教員をめざす方のために作ることにしました。

本書の著者は，現在は全員が京都外国語大学で日本語教育に携わっていますが，坂口は韓国で，大谷はカンボジア，タイなどで，寺田はウズベキスタン，インドなどで日本語教育をおこなった経験があり，中西は国内の大学の留学生センターで勤務した経験があります。また，全員が日本語教員を目指す人たちの指導に関わっており，日本語教員志望者がどのようなところで困難を感じるかという点についても観察できる立場にありました。これらの経験をいかして，現場でネイティブ・ノンネイティブの日本語教員や日本語教員志望者が何を求めているかを考えながら，著者全員が議論を重ね，本書の原稿を練ってきました。重視したのは，ノンネイティブの日本語教員や教員志望者にとって，本書の日本語教育文法の知識が現場で使えるものとなるかということです。そしてまた，「この場面ではどんな日本語が使えるのか」「その文法がコミュニケーション場面ではどのように使われているか」をイメージし，それが実際のコミュニケーション場面と文法知識をむすびつけられるように丁寧に導いています。本書が教室と文法知識をつなぐガイドブックになれば非常にうれしいです。また，本書をきっかけに，多くの方があらたに日本語教育の世界に魅力を感じてくだされればとも思います。本書が日本語教育にかかわる様々な方々の学びや研究に資するものとなりますように。

本書は，完成までにさまざまな方にご協力いただきました。野田尚史さん，森篤嗣さん，新谷遥さん，井元麻美さん，岡林花波さん，森口稔さん，真田聡美さんには，地域の児童・生徒の日本語教育のコーディネーター，日本語教員，英語教員としてのご経験を活かして貴重なご意見・ご助言をいただきました。動画作成にあたっては，石橋明子さん，川端恵梨子さん，辻村真祐生さん、柏木あいさんにご協力いただきました。また，京都外国語大学大学院異言語・文化専攻，実践言語教育コース日本語教育の2018年度，2019年度授業科目「日本語教育研究Ⅳ–1」受講者のみなさんにもご意見をいただきました。ありがとうございました。

最後になりましたが，ひつじ書房の松本功さん，海老澤絵莉さんには大変お世話になりました。アイデアの段階から，本文表記はもとより，イラストやレイアウトの細かい相談にも丁寧に応じてくださいました。この場をお借りしてお礼を申し上げます。

2020年1月
著者一同

用語集

漢字表記があるものは見出し語の後に［　］で示しています。英語表記が使われるものについては、見出し語の後に英語を掲載しました。▶は本文のChapterを示します。☞は、用語集内での参照を表します。

●あ

アスペクト［aspect］▶Chapter 11
　出来事の過程の一部だけをとらえているということ。たとえば，出来事の全体には「食べます→食べています→食べました」があるが，「食べています」という一部だけを取り出すことができる。

イけいようし［イ形容詞］▶Chapter 04
　名詞の前についたとき「おもしろい」のように「イ」で終わる形容詞のこと。ナ形容詞とは活用がちがうので注意が必要。

いし［意志］▶Chapter 15
　これから自分が行う気持ちを持っていることを表す。意向形，辞書形などで表される。

いしてき［意志的］▶Chapter 12
　何かをする意志を持っていること。

いしどうし［意志動詞］▶Chapter 07
　「食べる，読む」のように人が意志をもって行う動詞のこと。

いちにんしょう［一人称］▶Chapter 04
　「私，ぼく」のような話し手を表すもの。

いらい［依頼］▶Chapter 15
　「〜てください・もらえませんか・くれないか」などで表される。人にものを頼むこと。

ヴォイス［voice］▶Chapter 14
　受身や使役など，「(ら) れる」や「(さ) せる」などをつけることによって，格関係が変わる文法概念。

うけみぶん［受身文］▶Chapter 13
　「ウサギがライオンに食べられる」のような動詞に「(ら) れる」がついていて，動作主が目的語になる文のこと。☞用語集「能動文」も見てください。

ウチ▶Chapter 16
　家族や，自分に関係する人のことで，敬語や授受などを表すとき，ソトの人と区別すべき人のこと。

●か

かいそうこうぞう［階層構造］▶Chapter 02
　文の中で中心から周辺にむかうものの差があること。肯否やテンスを表す順番に関係する。

かく［格］▶Chapter 01
　名詞が述語に対してどう働いているかを表したもの。日本語では主に格助詞で表すが，話しことばでは「ぼく，これほしい」のように語の順番で表すこともある。

かくかんけい［格関係］▶Chapter 01
　「名詞＋格助詞」と述語の関係のこと。

かくじょし［格助詞］▶Chapter 01, 09
　名詞と述語を結びつけている助詞のことで，述語の意味によって役割が変わる。

かくしん［確信］▶Chapter 08
　話し手の気持ちを表すモダリティの1つで，話し手がどのくらい信じているかという気持ちを表す。

かげのいみ［影の意味］▶Chapter 08
　文では表しきれない，想像できる意味のこと。

かつよう［活用］▶Chapter 02
　動詞などの形が変わること。

かてい［仮定］▶Chapter 15
　事実とは関係なく，前件の状況をそうだと決めること。「もし私が鳥だったら，どこにでも行けるのに」など。

かんじょうけいようし［感情形容詞］▶Chapter 04
　「私はこの部屋が好きだ」の「好き」のように，主語の感情や感覚を表す形容詞のこと。「うれしい，悲しい，痛い，かゆい」など。

かんせつうけみ［間接受身］▶Chapter 13
　「ジョンさんに足を踏まれる」のように目的語に持ち物や体の一部が入ることが多い受身。自分が被害を受けたことを表すことが多い。「雨に降られる」のように，自動詞もこの受身になることがある。

きぼう［希望］▶Chapter 15
「〜たい」など自分が望むことを表す。

ぎもんし［疑問詞］▶Chapter 09
「だれ」「いつ」「どこ」「なに」「どれ」「どう」「どちら」などのこと。

きょうせい［強制］▶Chapter 14
「子どもに野菜を食べさせる」など，誰かに（無理やり）何かをさせること。

きょか［許可］▶Chapter 14
「子どもが留学したいと言うので留学させることにした」のように，「したいからさせる」こと。

けいい［敬意］▶Chapter 16
尊敬する気持ちのこと。

けいしきめいし［形式名詞］▶Chapter 05
「もの」「こと」「の」など，具体的な内容がない名詞のこと。

けっかのじょうたい［結果の状態］▶Chapter 11
「木が倒れています」のように，出来事が終わった後の結果が残っているようすのこと。☞用語集「変化を表す動詞」も見てください。

けんじょうご［謙譲語］▶Chapter 16
自分やウチの人の動きや状態を低くすることで，相手への敬意を表す敬語。「先生に本を差し上げる」の「先生」のように，敬意を受ける人がいる場合に使う。

こうけん［後件］▶Chapter 06, 10, 15
複文の中で，後に出てくる節のこと。「頭がいたいので，休みます。」という文では「休みます」が後件である。

こうひ［肯否］▶Chapter 03
肯定と否定のこと。

ごかん［語幹］▶Chapter 02
動詞が活用するときに，形が変わらない部分のこと。

こんきょ［根拠］▶Chapter 08
確信などモダリティのもととなる「○○は○○だ」と話し手が考える理由となる事実のこと。

●さ

さんにんしょう［三人称］▶Chapter 04
話し手，聞き手以外を表すもの。

しえき［使役］▶Chapter 14
他の人が何かをするように働きかけること。

しえきうけみ［使役受身］▶Chapter 14
強制の使役文が受身になったもの。

じじつ［事実］▶Chapter 15
「春になると桜が咲く」のように，実際に起きたことやいつも必ず起きることを表す。

じどうし［自動詞］▶Chapter 12
「電気がつく」など，出来事が自然に起こったことを表す動詞のこと。誰がするかに注目しない。☞用語集「他動詞」も見てください。

じはつ［自発］▶Chapter 07
意志的ではなく，自然にそうなること。「見える，聞こえる」のような動詞のほかに，可能動詞の「思える，泣ける」なども自発である。「この映画を見ると泣けてくる」など。

しゅうしょく［修飾］▶Chapter 05
ことばの前か後ろにつけてそのことばの説明をすること。

しゅうじょし［終助詞］▶Chapter 08
「ね，よ，よね」など，文の終わりに使う助詞のこと。

じゅうぞくせつ［従属節］▶Chapter 05, 06, 09, 10
複文で日本語の場合は前の方にくる節。述語が不完全な形をしてる節。「テレビを見ながら食べる」の「テレビを見ながら」の部分。☞用語集「節」も見てください。

しゅご［主語／subject］▶Chapter 09
述語が表すものの主体のこと。「太郎が走る」などの場合，「走る」という述語が表す主体「太郎」のこと。☞用語集「主題」も見てください。

じゅじゅひょうげん［授受表現］▶Chapter 14
「あげる」「もらう」「くれる」を使って，ものの移動を表す。動詞と一緒に使う「〜てあげる」「〜てもらう」「〜てくれる」は，行為の方向を表して，利益やうれしい気持ちを表す。

しゅせつ［主節］▶Chapter 05, 06, 09, 10

複文で日本語の場合は後ろの方にくる節。述語が完全な形をしている節。「テレビを見ながら食べる」の「食べる」の部分。☞用語集「節」も見てください。

しゅだい［主題／topic］▶Chapter 09

何かを話題として，とりあげられた対象を表す部分のこと。主に「〜は」で表される。☞用語集「主語」も見てください。

じゅつご［述語］▶Chapter 02

文を作る1つの成分。文は主語・述語からできる。

しゅんかんどうし［瞬間動詞］▶Chapter 11

「(電気が）つきます，消えます，落ちます，倒れます」などすぐに終わってしまう出来事を表す動詞。

じょうきょうかのう［状況可能］▶Chapter 07

「このレストランでたばこが吸えます」のように状況や場面，場所によってできること。☞用語集「能力可能」も見てください。

じょうけん［条件］▶Chapter 15

「薬を飲めば熱が下がる」のように，前件が後件に関与して起こること。

しんこう［進行］▶Chapter 11

「鳥が飛んでいます」のように，出来事が進んでいてまだ終わっていないようすのこと。

せいぶつ［生物］▶Chapter 12

「田中さん，あの女性，先生，どろぼう」など人と「犬，おばけ，虫，鳥」など生きているモノのこと。

せつ［節］▶Chapter 05

複文を構成するところの，述語を中心とした各まとまりのこと。☞用語集「主節」「従属節」も見てください。

ぜったいてんす［絶対テンス］▶Chapter 06

発話時との関係で決まる主節のテンスのこと。

ぜんけん［前件］▶Chapter 06, 10, 15

複文の中で，先に出てくる節のこと。「頭が痛いので，休みます。」という文では「頭が痛い」が前件である。

そうたいてんす［相対テンス］▶Chapter 06

主節のテンスにしたがって相対的に決められる従属節のテンスのこと。

ぞくせいけいようし［属性形容詞］▶Chapter 04

「この部屋は広い」の「広い」のように主語の性質を表す形容詞のこと。

ソト ▶Chapter 16

ウチ以外の人。☞用語集「ウチ」も見てください。

そんけいご［尊敬語］▶Chapter 16

「先生が教室に来られる」のように，相手の動きや状態に対して敬意を表す敬語。

●た

たいひ［対比］▶Chapter 09

「りんごは好きですが，ナシは好きじゃありません」など，比べてちがいをはっきりさせること。

たどうし［他動詞］▶Chapter 12

「電気をつける」など，対象に働きかけることを表す動詞のこと。誰かが何かを意志的にすることを表す。☞用語集「自動詞」も見てください。

ちょくせつうけみ［直接受身］▶Chapter 13

「次郎が太郎に殴られる」のように能動文と受身文でガ格がニ格に置きかわる典型的な受身のこと。☞用語集「間接受身」も見てください。

ていちょうご［丁重語］▶Chapter 16

自分やウチの人の動きや状態を低くすることで，相手への敬意を表す敬語。動きを受ける人がいない場合に使う。「電車が参りました」の「参りました」など。

ていねいご［丁寧語］▶Chapter 16

「です」や「ます」を付ける敬語。

テンス［tense］▶Chapter 03

「昨日は寒かった」の「た」のように，述語で時を表す部分のこと。☞用語集「絶対テンス」「相対テンス」も見てください。

どうさしゅ［動作主］▶Chapter 01, 07, 09

「作る」「走る」などの動作を行う人のこと。

とりたてじょし［とりたて助詞］▶Chapter 08, 09
「だけ」「しか〜ない」「も」「は」など，話し手の気持ちを表す助詞のこと。

●な

ナけいようし［ナ形容詞］▶Chapter 04
名詞の前についたとき「げんきな」のように「ナ」で終わる形容詞のこと。イ形容詞とは活用がちがうので注意が必要。

ににんしょう［二人称］▶Chapter 04
「あなた，君」のような聞き手を表すもの。☞用語集「一人称」「三人称」も見てください。

のうどうぶん［能動文］▶Chapter 13
「ライオンがウサギを食べる」のように動詞に「(ら) れる」がついていない形で，動作主が主格で示される文のこと。☞用語集「受身文」も見てください。

のうりょくかのう［能力可能］▶Chapter 07
「田中さんは1キロ泳げます」のように動作主に能力があってできること。☞用語集「状況可能」も見てください。

●は

はいた［排他］▶Chapter 09
「他でもない〜が」という意味を表すこと。たとえば，「あなたが社長です」では，「他でもないあなたが」という意味。

はつわじ［発話時］▶Chapter 06
話したときのこと。

はんだん［判断］▶Chapter 08
「来るはずです」など，話し手がどう思うかということを表すモダリティ。

びかご［美化語］▶Chapter 16
「お」や「ご」をつけて，きれいに表す名詞の敬語のこと。たとえば「お茶」「ごあいさつ」など。

ひっすせいぶん［必須成分］▶Chapter 01, 02
文を成立させるために必ず必要となる成分のこと。たとえば「誕生日にジョンさんがケーキをくれた」の「ジョンさんが」「ケーキを」の部分のこと。必須補語ということがある。

ひんし［品詞］▶Chapter 02
文の中での働きと活用の仕方によって分けた語のグループのこと。たとえば，名詞・形容詞・動詞・副詞・助詞・接続詞などのこと。

ふくぶん［複文］▶Chapter 09
述語が複数ある文のこと。

ふつうけい［普通形／plain form］▶Chapter 02
活用の1つの形のこと。ル形，ナイ形，タ形をまとめたもの。たとえば「飲む」「飲まない」「飲んだ」「飲まなかった」のこと。

ふつうたい［普通体］▶Chapter 02
「だ」「である」である文体（スタイル）のこと。

ふつうめいし［普通名詞］▶Chapter 05
「本」「雨」など，ものの名前のこと。

へんかをあらわすどうし
［変化を表す動詞］▶Chapter 11
「われます，結婚します，とけます，まがります」など何らかの変化がある出来事を表す動詞のこと。☞用語集「結果の状態」も見てください。

●ま

めいれい［命令］▶Chapter 15
「依頼」よりも強い言い方で相手は断りにくい表現。

モダリティひょうげん
［モダリティ表現／modality］▶Chapter 08
「と思います」「でしょう」「かもしれません」「はずです」など，話し手の気持ちを表す表現のこと。

●ら

れんたいし［連体詞］▶Chapter 04
「大きな」「小さな」「あの」「いろんな」のような名詞だけを修飾する，活用しないもの。述語にならない。

分析してみましょうの答え

Chap. 01 p.6

ガ格　主体（ ① ）・対象（ ② ）
ヲ格　通過する場所（ ① ）・起点（ ③ ）・対象（ ② ）
ニ格　存在する場所（ ② ）・時（ ⑤ ）・到着点（ ① ）（ ③ ）・相手（ ④ ）
へ格　移動の方向（ ② ）・到着点（ ① ）
デ格　動作の場所（ ② ）・手段・方法（ ④ ）・原因・理由（ ① ）・範囲（ ③ ）
カラ格　起点（ ② ）・原料（ ① ）

Chap. 09 p.74

A：主題　B：排他　C：対比　D：主語　E：排他

身近にある教科書ではどんな例文が出てきていますか。

みん日：『みんなの日本語初級Ⅰ・Ⅱ（第２版）』 スリーエーネットワーク編著　スリーエーネットワーク
げんき：『初級日本語 げんきⅠ・Ⅱ（第２版）』 坂野永理，池田庸子，大野裕，品川恭子，渡嘉敷恭子著　The Japan Times
できる：『できる日本語　初中級・中級』 できる日本語教材開発プロジェクト著　アルク
まるごと：『まるごと 日本のことばと文化　入門（りかい）・初級（りかい）Ⅰ・Ⅱ・初中級・中級Ⅰ・Ⅱ』 国際交流基金著　三修社

*はその形式を扱っていないことを表す。Ⅰ・Ⅱは巻を，数字は課を表す。
『まるごと』の中級は「トピックと課」を「-（ハイフン）」で示してある。

Chap.	表現	例文　該当表現の部分に下線	みん日	げんき	できる	まるごと
01	格助詞					
	ナシ					
02	動詞文					
	ナシ					
03	テンス・肯否					
	名詞文の肯定・否定	～です・～ではありません	Ⅰ・1	Ⅰ・2	初・1	入・3
	動詞文の肯定・否定	食べます・食べません	Ⅰ・4	Ⅰ・3 Ⅰ・8	初・3	入・5
	形容詞文の肯定・否定	難しいです・難しくありません	Ⅰ・8	Ⅰ・5 Ⅰ・8	初・4	入・7
	あまり	この魚はあまりおいしくないです。	Ⅰ・8 Ⅰ・9	*	初・4 初・9	入・5, 6
	しか	アンさんしか来ませんでした。	Ⅱ・27	Ⅱ・14	初中・12	初Ⅱ・9
04	形容詞文					
	感情形容詞	私はケーキが好きです。	Ⅰ・9	Ⅰ・5	初・5	入・5, 11 初Ⅰ・3
	～がる	ケンはケーキを食べたがっています。	*	*	初中・14	中Ⅰ・5-4
	連体詞（小さな，大きな）	将来，大きな家に住みたいです。	Ⅱ・38	*	*	*

05	名詞・名詞修飾					
	名詞修飾	白いシャツを着ている人です， みんなで飲み会をするお店を探しています。	I・22	II・15, 20	初・13	初I・16, 17 初II・1, 2, 7 中I・6–4
	動詞に「こと」をつけて作る例文	大学に合格することを約束します。	I・18	*	初・9	初I・2 中II・1-2
	動詞に「の」をつけて作る 「〜のは…です」の例文（強調文）	先生がこの病院にいらっしゃるのは 火曜日だけです。	II・38	I・8	初中・1, 6	初II・3 中II・3–2
06	時を表す表現					
	〜とき	子どものとき，日本に住んでいました。	I・23	II・16	初・11	初I・2 初II・5
	〜てから	買物してから，家に帰ります。	I・16	II・17	初・12	初II・4, 17
	〜たあとで／〜まえに	家に帰るまえに，スーパーに行きます。 家に帰ったあとで，母に電話します。	I・18 II・34	II・17	初中・5 初・12	初I・8, 15
	〜まで／〜あいだ	きのうは夜遅くまでテレビを見ていました。 休みのあいだどこへも行きませんでした。	I・17	II・21 II・23	初・3 初中・7	初I・11 初II・17 中II・6-4
	〜うちに	雨が降らないうちに，犬の散歩に行ってきます。	*	*	中・2 中・7	中II・4–4
07	可能					
	ことができます	私はドイツ語を話すことができます。	I・18	*	初・9, 10	初中・9
	可能形	この図書館では6冊まで借りられます。	II・27	II・13	初中・1	入門・3, 11 初II・6, 7
08	気持ちを表す表現					
	〜と思います	マイさんは今日来ないと思います。	I・21	I・8 I・9	初・14 初・15	初I・18 初中・5 中I・1-4 中II・8-2
	〜でしょう	明日は雨でしょう。	II・32	I・12	中・4	初中・6
	〜かもしれません	明日のパーティーに行けないかもしれません。	II・32	II・14	初中・5	初II・17 初中・7
	〜はずです	天気がよければ，たくさん星が見えるはずです。	II・46	II・19	中・2	中I・6-2
	〜そうです①	きのう，パリで地震があったそうです。	II・47	II・17	初・15	初II・14, 17 初中・8 中II・5-2
	〜そうです②	ボタンが取れそうです。	II・43	*	初中・9	*
	〜ようです	この部屋にはだれもいないようです。	II・47	*	初中・10 中・4	中I・ 8-2, 5-4
09	は・が					
	ナシ					
10	理由を表す表現					
	〜から、〜	時間がありませんから，ご飯を食べません。	I・9	I・9	初・5 中・11	入・13 初中・2, 3 初I・3
	〜ので、〜	まだ18歳なので，お酒は飲めません。	II・39	I・12	初中・1	初II・3 初中・3
	〜て／で、〜	台風で，電車が止まりました。 風が強くふいて，木が倒れました。	II・39	II・16	初・15 初中・5	初I・7 初II・9 初中・7

	おかげで／せいで	母のおかげで，忘れ物をしませんでした。	*	II・18 (表現ノート)	中・8	中II・5-2
11	アスペクト					
	タイプ1（進行）	マイさんは今ごはんを食べています。	I・14	I・7	初・7, 8, 10, 11 初中・10	初I・4 初II・2
	タイプ2（結果の状態）	木が倒れています。	I・15 II・29	I・9	初・15	初I・1 初II・8
12	自動詞・他動詞					
	自動詞・他動詞	窓が閉まっています。 この自動販売機は壊れています。	II・29	II・18	初・10	中I・2-4 初中・8
	てあります・ておきます	交番に町の地図がはってあります。 旅行のまえに案内書を読んでおきます。	II・30	II・21 II・15	初中・ 2, 6, 9	初II・14 中I・2-4
13	受身					
	直接受身	私は先生に叱られました。	II・37	II・21	初中・10	初II・18
	間接受身	私はとなりの人に足をふまれました。	II・37	II・21	初中・10	初II-13, 18 中II・8-4
14	使役					
	強制	嫌がる娘に無理やり英語を習わせます。	I・48	初II・22	初中・13	中I・3-2
	許可	娘が行きたいと言ったので，イギリスに 留学させます。	I・48	初II・22	初中・13	中I・3-2
	丁寧な申し出	すぐに戻ってくるので，ここに自転車を 停めさせていただけませんか。	I・48	初II・16	中・8, 10	中I・7-2
15	条件					
	「たら」	雨がふったら行きません。	I・25	II・14, 17	初中・ 3, 5, 12	初II・7, 17 初中・9 中I・6-4
	「なら」	もみじなら，日光がいいです。	II・35	II・13	初中・1, 4	初II・3, 8-4 初中・1
	「と」	これを回すと音が大きくなります。	I・23	II・18	初中・14 中・1	初II・4 中I・3-4
	「ば」	説明書を読めば，使い方がわかります。	II・35	II・22	初中・9 中・5	初中・2
16	敬語					
	尊敬語	お読みになります。	II・49	II・19	初中・1, 7 中・4	中I・1-2
	謙譲語	お読みします。	II・50	II・20	初中・1, 7 中・4, 10	中I・4-2
	丁重語	おります。	II・50	II・20	初中・1 中・10	中I・4-4

中西久実子（なかにし　くみこ）

京都外国語大学外国語学部日本語学科教授

大阪大学大学院文学研究科日本語教育学講座博士後期課程単位取得満期退学。博士（学術・大阪府立大学）。慶應義塾大学国際センター専任講師，京都外国語大学専任講師，助教授・准教授を経て現職。

●主要著書

『現代日本語のとりたて助詞と習得』ひつじ書房，2012.

『初級を教える人のための日本語文法ハンドブック』スリーエーネットワーク，2000.

『みんなの日本語　中級Ⅰ・Ⅱ』スリーエーネットワーク，2008，2012.

●主要論文

「「〜(し) たいですか？」に代表される願望伺いについて―オーストラリア英語母語話者と日本語母語話者の接触場面での問題―」『日本語教育』91，pp.13–24，日本語教育学会，1996.

「「名詞＋だけだ」が不自然になる原因―「弟は10歳だけだ」はなぜ不自然なのか―」『日本語教育』159，pp.17–29,日本語教育学会，2014.

坂口昌子（さかぐち　まさこ）

京都外国語大学外国語学部日本語学科教授

大阪府立大学大学院人間文化学研究科比較文化学専攻博士後期課程単位取得満期退学。嶺南大学校（韓国）外国人専任講師，京都外国語大学専任講師を経て現職。

●主要論文

「誤用分析にもとづく「ながら」と「ミョンソ」の比較：始点の用法と述語の持続性を中心に」(共著)『日本語教育論集　世界の日本語教育』第11号，pp.153–166，国際交流基金日本語国際センター，2001.

「日本語母語話者に対する日本語教育―話すことに関しての教育効果―」『日本語プロフィシェンシー研究』創刊号，pp.84–103，日本語プロフィシェンシー研究会，2013.

大谷つかさ（おおたに　つかさ）

京都外国語大学留学生別科講師

京都外国語大学大学院異言語・文化専攻実践言語教育コース日本語教育博士前期課程修了。タイ国立アユタヤラチャパット大学常勤講師，国際交流基金日本語専門家などを経て現職。

● 主要著書

『中級からの日本語プロフィシェンシーライティング』凡人社，2012.

● 主要論文

「異文化理解のための遠隔ワークショップのデザイン」（共著）『研究論叢』80巻，pp.177–192，京都外国語大学，2013.

「「見る！日本語の教え方」プロジェクトの実践」（共著）『国際交流基金日本語教育紀要』12号，pp.25–40，国際交流基金日本語国際センター，2016.

寺田友子（てらだ　ともこ）

京都外国語大学非常勤講師

名古屋大学大学院国際言語文化研究科日本言語文化専攻博士前期課程修了。国際協力機構（JICA）ボランティア青年海外協力隊（日本語教師・インド派遣，スリランカ派遣），名古屋大学大学院法学研究科特任講師（ウズベキスタン派遣）を経て現職。

使える日本語文法ガイドブック―やさしい日本語で教室と文法をつなぐ
The Perfect Guidebook on Japanese Grammar in Easy Japanese: Connecting the Classroom and Grammar
NAKANISHI Kumiko, SAKAGUCHI Masako, OTANI Tsukasa and TERADA Tomoko

発行	2020年1月30日　初版1刷 2023年6月15日　　　2刷
定価	1600円+税
著者	© 中西久実子・坂口昌子・大谷つかさ・寺田友子
発行者	松本功
ブックデザイン	大崎善治
イラスト	飯山和哉
印刷・製本所	株式会社 シナノ
発行所	株式会社 ひつじ書房 〒112-0011 東京都文京区千石2-1-2 大和ビル2階 Tel.03-5319-4916 Fax.03-5319-4917 郵便振替 00120-8-142852 toiawase@hituzi.co.jp　https://www.hituzi.co.jp/

ISBN978-4-89476-997-7